| 재치있는 화술로 세상을 경영하라 |

유머 화술의 심리학

김 길 형 著

아이템북스

머리말

　잘 알지 못하는 사람에게 먼저 말을 걸고 또 인간관계를 형성해 나가야겠다고 생각하면서도 선뜻 마음이 내키지 않는다고 하는 사람이 있다. 이런 사람의 대부분은 스스로 말재주가 없다고 믿고 있기 때문이다.

　그러나 처음부터 말을 잘 하는 사람이란 없는 법이며 어떤 경우에든지 능숙하게 대처하는 달변인 사람이라도 곤란할 때는 있게 마련이다. 단지 실패를 거듭하면서 달변인 사람이 될 수 있었던 것이다.

　유명한 아나운서나 웅변가, 배우 등 이른바 혀로 직업을 삼는 사람들 가운데는 어려서부터 말재주가 없었다는 말을 수없이 듣고 자랐다는 사람이 의외로 많다. 이들이 어느 날 갑자기 돌변한 것은 아니다. 서투르고 재주 없다는 사실을 일찍이 알아차렸기 때문에 남보다 곱절이나 노력했다는 사실이 있을 뿐이다.

　그렇다면 효과적이고 바람직한 화술이란 과연 어떤 것일까.

　말의 일차적인 목적은 자신의 생각과 느낌을 상대방에게 정확하게 전달하는 것이다. 여기서 좀 더 나아가 기능적인 측면에서 화술의 목적을 살펴보면, 첫째, 상대방을 설득하기 위해 필요한 화술, 둘째, 청탁하기 위해 필요한 화술, 셋째, 신뢰를 얻기 위해 필요한 화술 등으로 나눌 수 있다.

　어떠한 목적으로 하는 말이건 말하는 사람은 듣는 사람을 위해 몇 가지 지켜야 할 사항이 있다. 말을 한다는 행위에는 책임이 동반하므로 말하는 사람은 최소한의 의무를 지켜야 하는 것이다.
그것은 다음과 같다.
첫째, 주의를 끌어 말의 내용에 흥미와 관심을 갖도록 한다.
둘째, 흥미와 관심을 잃을 것 같은 상황을 극복하여 그 흥미와 관심이 지속되도록 한다.
셋째, 정확히 이해시키고 올바로 납득시키기 위해 자신의 생각을 분명히 밝히도록 한다.
넷째, 자신의 생각과 말의 내용을 듣는 사람이 정확히 깨달도록 노력한다. 그러나 이런 원칙보다 더 중요한 것이 있다. 그것은 곧 인격이다. 진실된 마음 없이 거짓된 인격으로서야 아무리 말을 잘 한들 무슨 소용 있겠는가.

자신의 인격이 담긴 진실된 말, 그것이야말로 가장 뛰어난 화술이라 할 것이다.
화술은 인간관계의 기본이다. 인구가 증가하고 인구가 복잡해질수록 대인관계의 양상도 다양해진다. 따라서 의사 교환을 효과적이고 적절히 수행하려는 노력이 필요하다. 세련되고 예의바르며 효과적인 교양 화술은 자신을 보다 훌륭하게 키워 나가는 지름길이다.
이러한 지름길을 화술 길라잡이가 안내해 줄 것이다.

편저자 _ 김 길 형

Contents

머리말 _ 002

Part 1 성공하는 사람의 화술   007

1. 천 냥 빚도 갚는 화술   009
2. 나도 말을 잘 할 수 있다   019
3. 첫 인상이 중요하다   032
4. 화제의 설정과 수집 관리   042
5. 유머와 위트의 화술   054
6. 상대의 기분을 살려 주는 화술   070
7. 여성을 사로잡는 화술   083
8. 설득을 위한 화술   103
9. 직장에서의 화술   127
10. 전화 통화시의 화술   145
11. 회의에서의 화술   158
12. 대중 앞에서의 화술   180
13. 사교를 위한 화술   201

Part2 화제백과 당신의 화제를 풍부하게 하는 길라잡이   213

1. 따뜻한 분위기를 바꿔 주는 유머와 위트   215
2. 음란한 이야기도 화제로 활용한다   225
3. 역사 속에서 이끌어 오는 화제   232
4. 여성들이 관심을 갖는 화제   244

Part3 부록 보디 랭귀지   257

1. 얼굴을 통한 보디 랭귀지   259
2. 눈을 통한 보디 랭귀지   262
3. 입을 통한 보디 랭귀지   265
4. 코를 통한 보디 랭귀지   267
5. 턱을 통한 보디 랭귀지   269
6. 목을 통한 보디 랭귀지   271
7. 머리를 통한 보디 랭귀지   273
8. 손을 통한 보디 랭귀지   277
9. 팔을 통한 보디 랭귀지   280
10. 어깨를 통한 보디 랭귀지   282
11. 가슴을 통한 보디 랭귀지   284
12. 배와 등을 통한 보디 랭귀지   286

Part 1
성공하는 사람의 화술

01
천 냥 빚도 갚는 화술

동냥도 말을 잘 해야

며칠 동안 끼니를 제대로 잇지 못한 거지가 길을 가다가 어느 초상집 앞에 다다랐다.

"여기 들어가서 음식이나 좀 얻어먹자. 이거 원, 배가 고파서 견딜 수가 있나."

거지는 무턱대고 안으로 들어가 곧장 빈소 앞에 엎드려 한바탕 곡을 했다. 그가 곡을 마치기를 기다렸다가 상주가 물었다.

"어디서 오신 어느 어른이신지?"

상주는 거지와 일면식도 없었지만 일단 정중하게 물었다. 이에 거지는 태연하게 말했다.

"예, 저는 돌아가신 어른과 아주 막역하게 지내던 사이입니다만, 몇 년 동안 피차 소식이 끊어진 처지였다가 오늘 객지에서 돌아와 보니 이렇게 변을 당하셨군요. 미처 옷을 갈아입을 새도 없이 예의도 못 갖추고 우선 놀랍고 슬픈 마음을 이기지 못해 이렇게 찾아왔습니다. 참으로 이런 변이……."

능숙하게 둘러대는 거지의 말에 상주는 고개를 끄덕였다.

"아, 그러셨군요. 이리로 앉으시지요."

상가에서는 상다리가 휘어지도록 푸짐하게 음식을 차려 잘 대접했다.

이렇게 잘 얻어먹고 배를 두드리며 나온 거지는, 마침 다른 거지를 만나 자랑을 늘어놓았다.

"자네 눈이 퀭한 걸 보니 몹시 굶은 모양이군. 이 어르신네는 말야 상가에서 잘 얻어먹었지."

그는 말 몇 마디로 음식 대접 받은 이야기를 자랑 삼아 해 주었다.

"음, 그거 아주 그럴 듯한데. 그래, 그 상가가 어딘가?"

"이 사람아, 같은 집에 가서 똑같은 수법을 쓰면 통할 것 같은가. 다른 상가를 찾아가야지."

"그렇지, 공연히 허튼 수작을 하다가 들통이라도 나면 뼈도 못 추리기 십상이지."

나중의 거지는 다음 마을에서 상가 하나를 찾아냈다. 그는 먼젓번의 거지가 가르쳐 준 대로 빈소에 들어가서 실컷 곡을 하였다. 곡을 마치고 나자 상가 사람들이 물었다.

"어디서 오신 누구시길래?"

그러자 거지는 서슴없이 대꾸했다.

"예, 실은 제가 돌아가신 분과 보통 가까운 사이가 아니었답니다. 그간 사정이 있어 서로 만나고 싶어도 만나지 못하다가, 그만 이런 변이 생겨서……."

거지의 말을 듣던 사람들의 눈빛이 이상하게 변하기 시작했다.

"아니, 뭐요? 당신이 누구하고 가깝게 지냈다고요?"

"돌아가신 분 말입니다. 우리는 서로 마음을 주고받는 사이였답니다."

그러자 상가 사람들의 표정이 험상궂게 변했다.

"이 뻔뻔스러운 놈, 어딜 감히……."

상가 사람들은 우르르 달려들어 거지에게 몽둥이찜질을 한 다음 밖으로 내쫓아 버렸다.

죽은 사람은 다름아닌 그 집에 갓 시집 온 며느리였다.

천 냥 빚도 갚는 화술

한 거지는 말을 잘 해서 음식을 배불리 얻어먹고, 또 한 거지는 말 때문에 욕만 얻어먹고 몽둥이찜질을 당했다. 말이란 것은 이처럼 잘 하느냐 못 하느냐에 따라 다른 결과를 가져올 수도 있다.

물론 앞의 이야기에서 두 번째 거지가 말을 못 했던 것은 아니다. 다만 그는 분위기에 어울리지 않는 말을 함으로써 그런 곤욕을 치렀던 것이다.

말을 보다 잘 한다는 것은 그만큼 그 사람의 사회 생활이 뛰어나다는 것을 의미한다. 말은 우리의 사회 생활에서 가장 요긴한 의사소통의 수단이다. 우리는 일상 생활의 대부분을 말에 의존하여 꾸려 나가고 있다. 말이라는 것은 이처럼 중요하다.

그런데 우리는 대체로 말을 소홀히 여기고 헤프게 쓰는 경향이 있다. 말이 소홀히 다루어지고 헤프게 쓰인다는 사실만으로도 바람직한 말 쓰기가 되지 못하고 있다는 반증이 될 수 있다.

말은 우리의 사회 생활을 지배한다. 따라서 말에 조금만 관심을 갖는다면 참으로 놀라운 효과를 거둘 수 있다. 말을 얼마나 잘 하느냐에 따라 다른 사람과의 유대가 가까워지고 난감한 문제를 쉽게 해결할 수 있는 등 사회 활동을 유리하게 할 수 있으며, 나아가 자신의 인생을 빛낼 수 있다.

거꾸로 그까짓 말쯤 아무렇게나 하면 어떠랴 싶은 마음가짐으로 바람직하게 말하는 일에 무관심하다면, 그것은 바로 우리들 인생에서 얻을 수 있는 엄청난 이익을 거부하는 셈이 된다. 말 한 마디로 천 냥 빚을 갚는다고 하지 않았는가.

우리의 인생을 더욱 윤택하게 하기 위해 효과적이고 바람직한 화술이 필요한 것은 두 말할 나위가 없다.

현대 생활과 화술

오늘날은 입사 시험에서 면접의 비중이 매우 높다. 특히 최근 들어 대기업에서는 아예 필기시험을 폐지하고 서류와 면접 전형만으로 신입 사원을 뽑는 추세이다. 가정적인 배경과 학력도 중요하지만 사람의 됨됨이를 확인할 수 있는 면접에 가중치를 주는 것이다.

면접에서 심사 위원들이 가장 중점을 두는 항목이 화술이다. 화술이 뛰어난 사람일수록 직장 생활을 유능하게 한다는 사실을 심사 위원들은 이미 알고 있기 때문이다.

이렇게 보면 효과적이고 바람직한 화법은 개인의 운명을 개척하는 지름길인 동시에 사회 활동에 있어서 더없이 귀한 방편이 된다.

그런데 우리의 생활을 풍부하게 하기 위한 말이 한편으로 여러 가지 비극적인 상황을 낳고 있다는 사실은 어떻게 보면 아이러니가 아닐 수 없다.

현대에 있어서 대부분의 불화와 싸움은 말로 인해서 일어난다. 사람마다 생각하는 바가 다른 데서 싸움이 일어나는 것이 아니라, 대부분의 경우는 말주변이 모자라서 뜻하지 않게 오해를 받고, 또 이 오해받은 점을 변명하다가 싸움으로 번지게 되는 것이다.

말로 인해서 오해나 곡해가 생기지만, 이 오해나 곡해가 다시 말로 인해서 풀리기도 하므로, 말을 잘 했을 때 오는 결과와 말을 잘 못했을 때 생기는 결과는 엄청나게 다른 것이다.

여기서 우리가 경계해야 할 것은 이른바 화술이다. 화술이라고 하면 일반적으로 말하기의 기술이라기보다는 오히려 말재간이라는 의미로 받아들여지는 경우가 더 많다. 실제로 능란한 화술을 구사하여 상대를 궁지에 몰아 넣고 자신의 잇속을 챙기는 사람도 많다. 이런 사람도 화

사례

어떤 사나이가 길을 걷다가 땅 위에 떨어진 이상한 과일을 보고 발로 밟아 버렸다. 그러자 그것은 갑자기 두 배로 커졌다. 사나이는 힘을 주어 다시 밟았다. 그러자 그것은 더 커졌다.
이번에는 지팡이로 때렸다. 그랬더니 그것은 더 크게 부풀어 드디어 길을 막아 버리고 말았다. 이때 신령이 나타나 사나이에게 말했다.
"건드리지 않는 것이 좋아! 그것은 말싸움이라는 이름의 과일이야. 상대하지 않으면 처음대로 있으나 맞서기만 하면 자꾸만 커지는 이상한 과일이란 말이야."

술을 잘 구사하는 부류로 넣어야겠지만, 참되냐 그렇지 못하느냐의 윤리적인 측면에서는 결코 환영받을 일이 못 된다.

생활의 기반이 되는 화술도 늘 반성해 보고 되씹어 보는 일이 따라야 한다. 반성이 없는 언어 생활은 결국 상대방이나 자신에 대해 똑같이 마음을 상하게 하는 일을 초래할 것이다.

무의식적으로 말하더라도 그 말이 당사자나 주위 사람들에게 좋든 나쁘든 여러 가지 영향을 미친다는 사실만큼은 분명하다. 그러므로 어떻게 하면 말을 잘 할 것인가 하는 것은, 곧 어떻게 하면 대인관계를 잘 유지하면서 살아갈 것인가 하는 문제와 맞닿는 것이다.

우리 조상들은 이 점에 대해 상당한 관심을 기울이고 노력해 왔는데, 더욱 복잡해진 현대 생활에서는 더 말할 것도 없이 중요한 문제이다.

❖ 효과적이고 바람직한 화술

그렇다면 효과적이고 바람직한 화술이란 어떠한 것인가?

말의 일차적인 목적은 자신의 생각과 느낌을 상대방에게 정확하게 전달하는 것이다. 여기서 좀 더 나아가 기능적인 측면에서 화술의 목적을 살펴보면, 첫째, 상대방을 설득하기 위해 필요한 화술, 둘째, 청탁하기 위해 필요한 화술, 셋째, 신뢰를 얻기 위해 필요한 화술 등으로 나눌 수 있다.

어떠한 목적으로 하는 말이건, 말하는 사람은 듣는 사람을 위해 몇 가지 지켜야 할 사항이 있다. 말을 한다는 행위에는 책임이 동반하므로, 말하는 사람은 최소한의 의무를 지켜야 하는 것이다. 그것은 다음과 같다.

첫째, 주의를 끌어 말의 내용에 흥미와 관심을 갖도록 한다.
둘째, 흥미와 관심을 잃을 것 같은 상황을 극복하여 그 흥미와 관심이 지속되도록 한다.
셋째, 정확히 상대를 이해시키고 올바로 납득시키기 위해 자신의 생각을 분명히 밝히도록 한다.
넷째, 자신의 생각과 말의 내용을 듣는 사람이 정확히 깨닫도록 노력한다.

효과적이고 바람직한 화술에 대해서는 이 책 전반에 걸쳐 이야기하겠지만, 말하는 사람은 우선 위의 네 가지 원칙을 화술의 기본 자세로 갖추어야 한다.

그러나 위의 원칙보다도 더 중요한 것이 있다. 그것은 곧 인격이다. 진실된 마음 없이 거짓된 인격으로서야 아무리 말을 잘한들 무슨 소용이 있겠는가. 자신의 인격이 담긴 진실된 말, 그것이야말로 가장 뛰어난 화술이라 할 것이다.

인격과 화술

어떤 부인이 예닐곱 살쯤 되어 보이는 아들의 손을 잡고 미술 전시장에 들렀다. 옷을 곱게 차려 입은 부인은 빼어난 미인이었고 우아했기 때문에 관람객들의 시선을 한몸에 끌었다.

부인은 고상한 자세로 작품을 감상했다. 어떤 작품 앞에서는 온화한 미소를 짓기도 하고, 또 어떤 작품 앞에서는 보일 듯 말 듯 고개를 끄덕이기도 했다.

그런데 부인의 아들은 무척이나 짓궂어서 작품에 함부로 손을 대곤 했다. 그럴 때마다 부인은 나직한 소리로 아이를 타일렀다.

"작품에 손을 대서는 안 돼요. 미술 작품은 눈으로 보고 마음으로 느껴야 하는 거예요."

그런 부인의 태도에 많은 사람들이 감동했다.

얼마 후 부인과 아이는 도자기 진열대 앞에 서게 되었다. 아이는 호기심에 자기의 머리보다 높은 곳에 있는 도자기를 만졌다. 부인은 재빨리 전시장 내부를 살폈다. 때마침 가까이에는 다른 사람이 없었다. 그러자 부인이 으르렁거렸다.

"이 새끼야! 떨어뜨리면 대가리 깨져, 대가리 깨진단 말야!"

말은 곧 인격의 표현이다. 이 귀부인께서 아무리 옷을 잘 차려 입었다 하더라도 마지막 말 한 마디에 자신의 인격을 무너뜨리고 만 것이다.

훌륭한 인격을 바탕에 깔면 훌륭한 말이 된다. 즉, 인격과 소양이 고루 갖추어져야 우리는 바람직한 대화에 임할 수 있다.

입이 말하는 것 같으나 입이 말하지 아니하고, 귀가 듣는 것 같으나 귀가 듣는 것이 아니다. 인격이 말하고 인격이 듣는 것이다. 그래서 대화를 인격의 교류라고 한다.

필자에게는 습관처럼 반말을 잘 쓰는 친구가 한 명 있다. 그가 어느 날 필자와 함께 택시를 탔는데, 택시 요금이 1,800원 나왔다. 그 친구는 1,000원짜리 두 장을 택시 기사에게 내밀면서 이렇게 말했다.

"잔돈은 넣어 둬!"

선심으로 거스름돈을 받지 않겠다는 뜻이었는데, 그만 반말이 문제가 되었다. 나이가 지긋해 보이는 택시 기사는 잠시 못마땅한 표정을 짓더니,

"가져가!"

하고 응수해 버렸다. 친구 역시 은근히 화가 나서,

"넣어 두라니까!"

라고 언성을 높였고, 기사도 질세라

"가져가라면 가져가!"

하면서 잔돈을 내동댕이치기에 이르렀다. 일이 이렇게 되어서야 이제 멱살잡이밖에 더 남았겠는가. 실로 순식간에 일어난 어처구니없는 일이었다.

겨우 필자가 사태를 수습하여 큰 소동으로 번지지는 않았지만, 말 한 마디 때문에 큰 싸움이 벌어질 뻔했던 기억이 있다.

필자의 친구가 거스름돈을 받지 않겠다는 호의를 베풀면서 말을 잘 못하는 바람에 이런 일이 생겼다. 이왕 호의를 베풀 생각이라면,

"거스름돈은 그냥 가지시죠!"

라고 공손하게 말했더라면 서로서로 좋았을 것 아닌가.

이와 비슷한 경우는 식당에 가서도 흔히 볼 수 있다.

"어이, 여기 물 좀 갖다 줘!"

"이봐 아가씨, 여기 김치 하나 더 줘!"

이렇게 마구 고함을 질러 대는 사람을 흔하게 볼 수 있다. 필자는 그

럴 때 식당 종업원들의 반응을 유심히 살피는 편이다. 식당 종업원들은 열이면 열 모두 아주 기분 나쁘다는 표정으로 물컵이나 김치보시기를 손님의 식탁에 쾅 소리가 나게 내려 놓는다. 더한 경우에는 아예 손님의 말을 들은 척도 하지 않는다.

그런가 하면 손님들 중에는 종업원들에게 공손히 말을 건네는 사람도 있다.

"아가씨, 미안하지만 여기 반찬 좀 더 주시겠어요?"

"네, 곧 갖다 드리지요."

종업원은 환한 표정으로 손님의 요구를 흔쾌히 들어 준다. 그런 서비스를 받았을 때 점심 밥맛이 훨씬 좋아지지 않겠는가.

당신은 오늘 점심 시간에 식당에서 어떻게 말했는지 한번 되짚어 보기 바란다. 혹시 내 인격에 어울리지 않는 말을 해대지는 않았는지. 말 한 마디로 점심 시간을 더 유쾌하게 보낼 수 있었다면 그 얼마나 좋은 일인가. 게다가 말 한 마디로 내 인격을 유지할 수도 있으니 금상첨화가 아닌가.

말은 곧 그 사람의 인격인 것이다. 그 말 속에 진실이 담겨 있으면 더더욱 빛나리라!

02
나도 말을 잘 할 수 있다

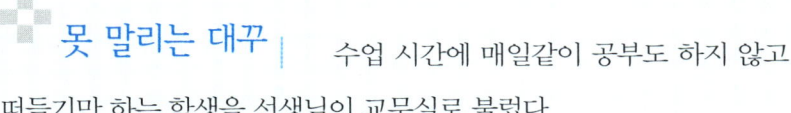 수업 시간에 매일같이 공부도 하지 않고 떠들기만 하는 학생을 선생님이 교무실로 불렀다.

"너는 왜 항상 그 모양이야? 떠들고 공부도 안 하면 어떡해?"

"오는 말이 고와야 가는 말이 곱지요."

"뭐, 도대체 너는 뭐 하는 녀석이냐?"

"쳇, 윗물이 맑아야 아랫물도 맑지요."

"그래도 또박또박 말대꾸를 하는구나."

"서당개도 3년이면 천자문을 읽는데요."

"이 녀석을 당장!"

"선생님, 지렁이도 밟으면 꿈틀거려요."

"내가 너한테는 졌다. 꼴도 보기 싫다. 당장 나가!"

"하다가 그만두면 아니한만 못 하지요."

"어휴! 저놈을 그냥……."

화술과 화장술

우리 속담에 말 못 하고 죽은 귀신 없다고 한다. 앞의 이야기에 나오는 학생이 바로 이런 경우에 해당한다.

또한 시중에 나도는 우스갯소리 중에 말 많은 사람을 가리켜 '저 녀석은 한강에 빠지면 궁둥이만 둥둥 떠오를 것이다'는 이야기도 있다. 말 많은 사람은 물에 빠져서도 붕어와 나불댈 것이란 비아냥이다.

우리가 여기서 이야기하고자 하는 뛰어난 화술은 이와는 거리가 멀다. 무조건 말이 많다고 해서, 또 또박또박 말대꾸를 잘 한다고 해서 화술이 뛰어나다고는 하지 않는다. '말이 많으면 간첩'이라는 말마따나, 그런 경박한 말은 인간관계에서 오히려 부정적으로 작용한다.

교언영색이나 감언이설 또는 미사여구로 대화에 임하는 사람이 적지 않은데, 이것은 오늘날 우리의 바람직한 화술과 거리가 먼 한갓 화장술에 불과하다.

대화에 임해서 설득력을 구사하려면 진실과 성실을 바탕으로 해야 한다. 그리고 품격과 교양을 지녀야 한다. 훈훈한 인간미가 풍겨야 한다. 나아가 대화의 매너와 에티켓을 몸에 지녀야 한다. 이러한 여러 가지 덕목을 지녔을 때 비로소 뛰어난 화술이 발휘되는 것이다.

나는 왜 남들만큼 말을 못 할까

사람들 앞에서 말하는 것을 꺼림칙하게 생각하는 사람들이 의외로 많다.

"나는 말을 잘 못해!"

"말도 할 줄 모르는 내가 어떻게 남 앞에 나선담?"

대부분의 사람들은 이렇게 생각하고 포기해 버린다.

사람들이 요령 있게 말을 하지 못하는 것은 열등감 때문이다. 그 열등감의 원인을 찾아보면 다음과 같은 몇 가지로 정리된다.

첫째, 남 앞에 서면 얼굴이 빨개지고 가슴이 두근거린다.
둘째, 곧 흥분해 버린다.
셋째, 무엇을 말해야 하는지 잘 모른다.
넷째, 선천적으로 말하는 것이 서투르다.

이러한 원인들은 독립된 형태로 작용하는 것이 아니라 서로 연결되어 있다. 무엇을 말하면 좋을지 모르기 때문에 흥분해 버리기 쉽고, 선천적으로 말을 못 한다고 생각하니까 이야기의 줄거리가 서지 않게 되고, 그 결과 이야기를 하고 있는 도중에도 자신이 무슨 이야기를 하는지 모르게 된다. 그렇다면 이처럼 얽혀 있는 매듭을 풀 수 있는 방법은 과연 무엇일까?

나만 두근거리는 것은 아니다

많은 사람들은 남 앞에서 이야기할 때 얼굴이 빨갛게 달아오르고 가슴이 두근거린다. 특히 전혀 익숙하지 않은 장소에 나설 때나 아무런 준비 없이 말을 해야 할 때는 그 정도가 더 심하다.

이런 현상은 자의식이 강한 사람일수록 자주 겪게 되는데, 그것은 그 사람의 방어 본능이 그만큼 강하다는 뜻이다. 남성보다 방어 본능이 강한 여성에게서 이러한 현상이 심한 것도 그 때문이다.

이렇게 남 앞에서 얼굴이 달아오르고 가슴이 두근거리는 사람들은 일반적으로 말을 할 때 속으로 이런 생각을 가지고 있다.

'많은 사람들 앞에서 웃음거리가 되지나 않을까?'

'나는 얼굴이 빨개지는 타입인데, 오늘도 또 그렇게 되지 않을까?'

이렇게 자기 암시에 빠져 자꾸만 상기되는 것이다.

상기된다는 현상은 인간이라면 누구나 경험한다. 아니 동물이라면 그런 경험을 하지 못한다. 동물이 아닌 인간인 이상 제 아무리 익숙한 연기자라 할지라도 많은 사람들 앞에서는 상기되는 법이다. 다만 상기되는 것을 조절하는 훈련을 얼마나 했느냐 하는 차이만 있을 뿐이다.

"가슴이 두근거리고 사람들의 얼굴이 잘 보이지 않아 정말 혼났습니다."

유창하게 말을 끝낸 사람에게 나중에 물어보면 꼭 이런 대답이 돌아온다. 표면상으로는 화술이나 태도에 변화가 없는 것처럼 보였지만 실제로는 그 사람도 매우 상기되어 있었던 것이다.

세계적인 스프린터인 멜 파톤도 레이스가 시작되기 직전에는 사람들 앞에 얼굴을 보일 수가 없을 정도로 흥분된다고 했다. 또 어떤 배우는 무대의 막이 오르기 직전이면 신경이 극도로 긴장된다고 했다. 그런가 하면 유명한 가수 슈만 하잉크는 음악회에서 노래를 부르기 전에 흥분하느냐는 질문을 받고 이렇게 대답했다고 한다.

"노래하기 전에 신경이 흥분하는 일이 없다면 그때는 내가 은퇴하지 않으면 안 될 때입니다."

나뿐만 아니라 누구나 다 그런 현상을 경험한다는 사실을 인식하고, 사람들 앞에 나설 때는 용기를 가져라. 나 자신이 말을 할 때 설령 조금 상기되어 있어도 청중들에게는 그다지 눈에 띄지 않는다는 것도 염두에 두도록 하자. 그리고 상기되는 현상을 이기기 위해 구체적으로 다음과 같은 훈련을 하자.

먼저 심호흡부터 하자

자신이 말할 차례가 다가오면 가슴이 뛰고 긴장감으로 몸이 굳어지는 것을 느낄 것이다. 그럴 때 즉시 주변 사람들이 눈치 채지 못하도록 심호흡을 몇 번 해 보자. 그러면 두근거리던 가슴이 진정될 것이다.

가령 연단에 올라 연설을 해야 될 경우, 단상이 준비되어 있다면 단상 앞부분을 가볍게 잡고 심호흡을 해 보자. 그리고 곧바로 연설로 들어가는 것이 아니라, 청중을 향해 타원을 그리듯이 얼굴을 돌려 보자. 청중 개개인의 얼굴을 확인이라도 하듯이 말이다. 그렇게 하면 두근거리던 가슴이 차츰 진정될 것이다.

용기와 배짱을 내밀어라

말하는 사람이 앞에 나서면 듣는 사람들이 일제히 그를 쳐다본다. 그때 말하는 사람은 심한 압박감을 느끼는데, 그럴수록 용기와 배짱이 필요하다.

남 앞에 나서기 전까지는 누구든지 불안과 걱정에 사로잡히게 된다. 그런 기분을 오래 간직하고 있으면 자칫 흥분하기 쉽다.

하지만 '이렇게 나선 이상 어떻게 되겠지' 하는 배짱을 가진다면 문제는 간단하게 해결된다.

"내가 과연 말을 잘 할 수 있을까? 망신이나 당하지 않을까?"

이런 생각에 사로잡히게 되면 얼굴이 곧 상기되어 버린다.

"어쨌든 죽기 아니면 살기야."

하는 배짱으로 나간다면 오히려 마음을 진정시켜 주는 결과가 나타난다.

즉, 남 앞에 나서기 전까지는 노심초사를 하더라도 일단 나서고 나면 자신이 한국 제일의 연설가라고 생각하는 기백이 필요하다.

그리고 이야기를 듣는 사람들이 자신보다 나이도 많고 지위도 높고 사회적으로 나은 위치에 있더라도 결코 어렵게 여기지 말아야 하다.

'나는 이 사람들보다 결코 뒤지지 않는다' 는 자부심으로 말을 해 나가자. 특히 신상품의 설명회 같은 데서는 회사의 간부들이 참석했다 하더라도 당당하게 설명해 나갈 수 있는 자신감이 더욱 필요하다.

목소리를 가다듬자

바람직한 화술을 구사하기 위해서는 좋은 목소리를 내야 한다. 목소리는 어느 정도는 타고난다. 그래서 천성적으로 목소리가 좋은 사람이 있는가 하면, 탁하고 거친 목소리를 가진 사람도 있다. 하지만 좋지 않은 목소리를 가진 사람이라도 훈련에 의해 극복할 수 있다.

목소리에는 각자의 개성이 깃들어 있다. 거기에는 기쁨과 슬픔의 빛깔이 있고, 분노와 사랑이 묻어 있다. 말을 듣는 사람은 말하는 사람의 목소리에서 이런 것들을 생생히 느낀다.

가령 타고난 목소리를 가진 사람이라고 하더라도, 말을 할 때는 정확한 발음으로 해야 한다. 제 아무리 매력 있는 목소리를 가졌더라도 발음이 부정확하면 상대방은 이쪽이 무슨 말을 하는지 이해하기 어렵다.

좋은 목소리로 정확한 발음을 하기 위해서는 자세를 바로하고 복식호흡에 의해 배에서 소리가 나오도록 해야 한다. 그리고 이때 목소리를 충분히 살리게끔 입을 크게 벌린다. 성악가들이 노래할 때 입을 크게 벌리는 것도 마찬가지 이치이다.

목소리를 가다듬는다는 것은 상대방에게 정확하게 들리도록 하기 위해 목소리의 강약·고저·장단 등을 조절하는 것이다. 다시 말해 말을 할 때는 적당한 높이, 적당한 크기, 적당한 힘이 들어간 목소리가 필요하다.

:: 적당한 높이로 말하라

높이가 지나치게 극단적이지 않고 고저에 적당한 변화가 있는 목소리가 좋은 목소리이다.

목소리가 높아야 하는지 낮아야 하는지는 경우에 따라서 다르겠지만, 처음 말을 꺼낼 때는 낮은 목소리로 시작하는 것이 일반적으로 좋다. 처음부터 높은 목소리로 시작하면, 말하는 도중에 점점 높아지기 쉬우므로 나중에 감당하기 어려워진다.

대개의 경우 긴장하면 흥분하고, 또 흥분된 감정에 이끌려 점점 목소리가 높이지게 된다. 이렇게 계속 올라가는 목소리는 듣는 사람을 부담스럽게 하고, 말하는 사람 자신의 우유부단·불확정·불안 등을 드러내게 된다.

반대로 내려가는 목소리는 말하는 사람의 확신감·안정·강경함·자신감·그리고 무한한 힘을 암시한다. 따라서 낮은 목소리의 말이 듣는 사람들에게는 인상적으로 남는다.

∷ 적당한 크기로 말하라

너무 굵거나 가늘지 않고 적당한 강약의 변화가 있는 목소리가 좋은 목소리이다.

목소리의 크기는 말하는 경우에 따라서 달라야 한다. 가령 많은 사람들 앞에서는 강한 목소리를 내야 하며, 단 둘이 대화할 때나 전화할 때는 약한 목소리가 적당하다.

∷ 목소리에 적당한 힘을 주어라

말의 어디에 힘을 주느냐에 따라 감정의 미묘한 변화를 실을 수 있다. 가령 '나는 당신을 사랑합니다'는 말을 할 때 어느 어구에 힘이 들어가느냐에 따라 뉘앙스에 차이가 생긴다. '나는'에 힘을 주면 '다른 사람이 아닌 바로 내가 사랑한다'는 뜻이고, '당신을'에 힘을 주면 '다른 사람이 아니고 바로 당신을 사랑한다'는 뜻이 되며, '사랑합니다'에 힘을 주면 '무척이나 사랑한다'는 뜻이 된다.

또한 힘의 정도에 변화를 주면 듣는 사람의 흥미를 일깨우는 역할도 한다. 재빠르게 힘을 주면서 중요한 대목을 말하면 시큰둥한 반응을 보이던 상대가 곧 화제에 관심을 보이게 된다.

동작과 표정은 제2의 언어

코미디 프로에서 흔히 보는 소재이지만, 높은 사람과 전화 통화를 끝내면서 전화기에 대고 꾸벅 인사를 하는 경우를 볼 수가 있다.

하지만 이러한 행동에 대해 그저 웃어넘길 일은 아니다. 즉, 말을 하면서 몸을 움직이는 것은 극히 자연스러운 현상이다. 말은 입 끝에만 발린 것이 아니며, 따라서 이야기의 내용이나 분위기에 좇아서 몸이 움직이는 것은 당연하다.

말을 한다는 것은 언어의 전달이 주된 것이기는 하지만, 그것만이 전부인 것은 아니다. 얼굴 표정, 특히 눈의 움직임과 몸의 움직임도 의사 전달에 참여한다. 다시 말해 표정과 동작은 제2의 언어인 것이다.

특히 이야기 속에 진실이 어느 정도 담겨 있나 하는 것을 판단하는 척도는 말하는 태도와 눈빛이다. 때문에 태도와 눈빛은 대화를 하는 데 중요한 요소이다.

말과 표정이 따로따로 놀면 상대의 의혹을 사게 될 여지가 다분하다. 반대로 이와 같은 사실들을 잘 활용하면 상대의 마음을 쉽게 붙잡을 수 있다.

말과 태도를 일치시키는 것은 별로 특별히 어렵지는 않다. 이야기의 내용에 따라 표정을 바꾸거나 몸짓에 변화를 주면 된다.

꽃은 향기로만 사람의 마음을 끌지 않는다. 그 아름다운 생김새 역시 사람의 마음을 끄는 데 한몫을 한다. 말의 내용이 향기라면 태도는 꽃의 생김새이다. 생김새도 예쁘고 향기도 좋은 꽃이 사랑을 받는 것은 당연하다.

❖ 올바른 자세와 동작

얼마 전에 필자는 어느 대학 교수의 출판 기념회에 참석할 기회가 있었다. 그런데 그 날의 주인공이 인사말을 하기 위해 마이크 앞에 섰을 때 웃지 못할 일이 일어났다.

양복 상의의 단추를 풀어 놓았다가 인사말을 하기 위해 나오면서 급히 단추를 채웠던 모양인데, 그만 단추 구멍을 제대로 찾지 못해 아래위가 어긋나게 채워지고 말았다. 물론 주인공은 그 사실을 모르고 근엄한 표정으로 인사말을 해 나갔다. 그러나 거기 모였던 손님들은 주인공의 인사말을 듣기보다는 일그러진 양복 상의에 온통 신경을 쏟았다. 그렇다고 그런 자리에서 소리 내어 웃을 수도 없으니, 정말 웃지 못할 일이었다.

말을 할 때 복장도 이렇게 중요할진대, 말하는 사람의 자세는 한층 더 중요하다.

올바른 자세란 말하는 사람의 몸이 자연스러운 것을 말한다. 말하는 사람이 근육을 움직여도 어색하거나 부자연스럽지 않아야 하고 또 호흡이나 발성에 방해가 되지 않는 자세가 올바른 자세이다. 그러면서도 상대방이 볼 때 불쾌감을 느끼지 않는 자세라야 한다.

상대방에게 불쾌감을 주지 않고 자연스러운 자세를 취하기 위해서는 다음과 같은 사항에 유의하는 것이 좋다.

- 다리를 너무 넓게 벌리지 않는다.
- 몸의 체중을 양쪽 다리에 골고루 싣는다.
- 지나치게 딱딱한 자세는 피한다.
- 자세를 갑자기 바꾸지 않는다.
- 뒷짐을 지거나 팔짱을 끼거나 양손을 주머니 속에 넣지 않는다.
- 옷자락 같은 데를 만지작거리지 않는다.

자세를 올바로 잡았으면 이제 자연스러운 동작을 해야 한다. 동작은 몸의 부분 동작과 전체의 동작으로 나눌 수 있다.

부분 동작이란 말을 하면서 손이나 팔·머리·어깨·얼굴 등을 움직이는 것을 말한다. 이러한 동작은 이야기의 내용을 보충하거나 강조하는 데 효과적이다.

전체의 동작이란 말을 하면서 이리저리 거닌다든가 위치를 바꾸는 것 등을 말한다. 연단에서 몸의 위치를 바꾸는 것은 조심하지 않으면 안 된다. 확실히 바꿀 필요가 있을 때만 바꾸어야지, 그렇지 않으면 무의미한 행동이 되어 듣는 사람을 초조하게 만든다. 몸의 움직임을 바꿀 필요가 있는 경우는 다음과 같은 상황이다.

- 말하는 사람이 긴장을 풀고 싶을 때
- 말하는 도중 여유를 갖고자 할 때
- 상대방의 주의를 끌기 위해서
- 특정의 상대방을 보려고 할 때

- 이야기의 내용이 다음 단계로 옮겨지는 것을 알릴 때
- 갑자기 상대방의 반응을 불러일으키고자 할 때

✤ 올바른 표정과 눈빛

필자는 학창 시절에 교직 과목을 이수하고 교생 실습을 나간 적이 있다. 마침 필자가 실습 나간 학교는 여학교였는데, 유달리 수줍음 많은 필자가 말만한 여학생들 앞에 선다는 것이 여간 곤혹스러운 일이 아니었다.

떨리는 가슴을 안고 첫 수업에 들어갔더니, 호기심 반에 장난기가 반쯤 담긴 100여 개의 눈길이 일제히 필자한테 쏠리는 것이 아닌가. 필자는 눈길을 어디로 둬야 할지 몰라 그 시간 내내 허둥대기만 했다. 천장을 바라보았다가 창 밖을 내다보았다가…….

정신없이 수업을 끝내고 교무실에 들어서니 경험 많은 선생님 한 분이 이렇게 충고해 주었다.

"교생 선생, 처음엔 다 그런 것이라오. 천장을 쳐다보거나 창 밖을 내다볼 생각은 하지 말고 아이들의 머리통을 바라보시오. 그리고 그 머리통 하나하나가 모두 호박통이라고 간주하시오."

학생들의 머리를 호박통으로 간주하라는 그 말이 필자에게는 하나의 경구처럼 와 닿았다. 아닌 게 아니라 다음 시간에 그 충고대로 했더니 당혹감도 사라지고 불안한 시선도 정리되는 것이었다. 역시 산 경험은 위대한 것이구나 하고 필자는 감탄했다.

어떠한 경우에도 듣는 사람의 눈길을 잡아 둔다는 것은 중요하다. 많

은 사람들을 대상으로 이야기할 때는 두려움이나 부끄러움 때문에 듣는 사람과 눈길을 마주치지 않으려고 하는 것이 일반적인 현상인데, 이런 때는 필자의 경험처럼 사람들의 머리를 바라보는 것이 좋다.

머리라면 공포심이나 반항감은 생기지 않는다. 듣는 사람 편에서도 당신이 자기를 보고 있다고 생각한다. 게다가 머리를 보는 것만으로도 이야기의 반응을 알 수 있다. 머리들이 가지런히 이쪽을 향하고 있다면 이야기에 열중해 있다는 증거이고, 머리들이 전후 좌우로 움직이고 있다면 듣는 편에서 딴전을 피우고 있다는 뜻이다.

머리를 보는 것에 익숙해지면 이번에는 열중하고 있는 사람을 찾아내야 한다. 청중 속에는 반드시 당신의 이야기에 열중하고 공감을 보내는 사람이 있게 마련이다. 그런 사람은 바로 당신의 원군이므로 그 사람에게 눈길을 보내야 한다.

원군을 확인하고 나면 당신은 더욱 용기를 내어 이야기를 진행시켜 나갈 수 있다. 또한 그러다 보면 당신은 여유가 생기고, 표정에 미소가 떠오를 것이다.

준비해 온 원고를 그저 낭독하는 사람은 원고만 보느라 청중을 보지 못하기 때문에 청중의 변화를 읽을 수 없다. 따라서 죽은 이야기가 될 수밖에 없다. 죽은 이야기를 살아 있는 이야기로 바꾸기 위해서는 표정과 눈길을 잘 활용해야 한다.

03
첫 인상이 중요하다

✚ **하녀에서 일약 총리 부인으로** │ 영국의 총리를 지낸 디즈레일리가 젊었을 때 하녀를 한 명 구하고자 했다. 아는 사람의 추천을 받아 두 명의 여자가 면접을 보러 왔다. 디즈레일리는 먼저 한 여자에게 물었다.

"당신이 만약 접시 스무 장을 포개 들고 이 방을 나가다가 문턱에 발이 걸렸다고 합시다. 그런 경우 어떻게 하겠소?"

질문을 받은 여자가 자신 있게 대답했다.

"그 정도라면 아무 문제도 없습니다. 저는 그 순간 턱으로 접시를 단단히 누르고 얼른 무릎을 꿇겠습니다. 또 그것이 여의치 않아 넘어진다고 해도 몸을 굴려서 접시를 한 장도 깨지 않을 것입니다."

디즈레일리는 똑같은 질문을 두 번째 여자에게도 했다. 두 번째 여자는 간단히 대답했다.

"아직까지 그런 일을 겪어 보지 않아서 뭐라고 말씀드릴 수가 없습니다. 다만 발이 문턱 같은 데 걸리지 않도록 미리 조심할 따름입니다."

디즈레일리는 두 번째 여자를 하녀로 채용했다. 그리고 나중에 그 하녀를 아내로 맞아들였다.

첫 대면에서 호감을

디즈레일리 부인의 일화는 첫 대면이 얼마나 중요한가를 시사해 준다. 그녀는 첫 대면에서 디즈레일리의 호감을 사는 바람에 나중에 일약 영국 총리의 부인이 된 것이다.

그녀에게는 또 다음과 같은 일화도 있다.

어느 날 그녀는 남편과 함께 마차를 타고 의사당으로 가고 있었다. 그 동안 남편은 의회에서 연설할 문안을 손질하느라 여념이 없었는데, 사실은 마차 문이 잘못 닫히는 바람에 부인의 손가락 하나가 문에 끼인 상태였다.

그러나 부인은 남편의 일을 방해하지 않으려고 마차가 의사당에 도착할 때까지 아무런 내색도 하지 않았다. 마침내 마차가 도착하고 나서 보니 부인의 손가락은 새파랗게 멍들어 있었다.

디즈레일리 같은 명재상의 뒤에는 또 현명한 내조자가 있었으니, 디즈레일리가 그녀에게서 받은 첫 인상의 호감은 결코 잘못되지 않았던 것이다.

앞에서 화술의 기본적인 조건 등을 알아보았으니, 이제는 실제로 대화를 하는 요령을 살펴보도록 하자. 대화를 하기 위해서는 누군가와 첫 대면을 해야 한다. 이때 상대에게 처음부터 좋은 인상을 심어 주는 것이 성공하는 화술의 첫째 지름길이다.

사회 생활을 하다 보면 소개를 받거나 자기를 소개하는 기회가 종종 있을 것이다. 이때의 첫 인상은 그 이후의 교제를 위해서도 매우 중요하다. 한 번 나쁜 인상을 주게 되면 그것을 바꾼다는 것은 매우 어렵다.

처음 만났을 때 상대에 대해서 한꺼번에 많은 질문을 하는 것은 좋지 않다. 상대에게 심문하는 듯한 인상을 심어 줄 우려가 있기 때문이다. 그렇다고 말 한 마디 없이 상대가 하는 말에 맞장구를 치는 것도 바람직하지 않다. 수다는 번거롭게 생각되고, 지나친 침묵은 상대를 거북하게 만든다. 있는 그대로의 자신을 상대에게 보여 주면 되는 것이다.

그러면 어떤 점에 신경을 써야 첫 대면에서 상대의 호감을 살 수 있을까.

먼저 미소부터 보내라

모르는 사람과 처음 만날 때 대개는 어떤 불안감 같은 것을 느낀다. 사람 사이에서 이런 불안감을 해소시켜 주는 것이 미소이다.

미소는 환영의 표시이자 호의의 표시이다. '당신과 만나게 되어 반갑습니다.' 또는 '당신과 이야기하게 되어 기쁩니다.' 하는 뜻을 내포하고 있다. 즉, 미소는 상대에게 호감을 가지고 있다는 마음의 표현이다.

인간은 누구나 어두운 것을 싫어한다. 이 세상의 슬픔을 자기 혼자 짊어지고 있는 듯한 얼굴을 보면 주위 사람들까지 슬퍼진다. 값비싼 옷을 아무리 잘 차려 입어도 어두운 얼굴로는 호감을 살 수가 없다. 비록 헐벗었다 하더라도 미소 띤 얼굴은 주위 사람들을 기쁘게 한다.

잘 모르는 상대에게 처음 짓는 미소는 가면이라고 생각할지 모른다.

그러나 그것이 결국에는 실체가 되는 것이다.

호의를 완벽하게 나타내는 것은 당신의 얼굴에 넘쳐 흐르는 미소임을 명심하도록 하라.

> **사례**
>
> 한스는 불행하게도 보기 흉한 얼굴로 태어났다. 어른이 되어서도 그 얼굴은 변하지 않았다. 남들이 자기 얼굴을 볼 때마다 불쾌감을 감추지 못하고 고개를 돌려 버리는 걸 알고는 그는 절망감에 빠졌다.
> '신은 왜 내 얼굴을 이렇게 만들었는가!'
> 슬프게도 그는 자기 얼굴과의 쓰라린 싸움으로 일생을 보냈다. 그리고 죽기 직전 한 통의 유서를 남겼다.
> '나의 생애 중에서 단 한 번 나에게 따뜻한 미소를 보내 준 페티에게 나의 유산 전부를 남긴다.'

상대의 눈을 보아라

필자의 경우 누군가와 대화를 하는데 상대방이 내 눈을 바라보고 있으면 그 사람한테서 당당하다는 인상을 받는다. 상대방을 서로 바라본다는 행위에는 상당한 긴장이 따른다. 흔히 우리는 이 긴장을 부담스럽게 생각하여 무의식적으로 시선을 돌리곤 한다. 엘리베이터 안에서는 으레 누구나 시선을 천장이나 벽 쪽으로 보낸다. 이 역시 가까운 거리에서 시선이 부딪치는 것을 두려워하기 때문이다.

따라서 상대방의 눈을 정면으로 바라보며 이야기를 하면 그만큼 상대방에게 강한 인상을 심어 줄 수 있다. 이때의 인상이란 당당함과 자신감이다. 반대로 상대방으로부터 시선을 돌리거나 아래를 보는 행동은 스스로의 이야기에 자신이 없다거나 상대방보다 열등하다는 점을 무언중에 드러내는 것이다.

충분한 자기 표현을 하기 원한다면 다소의 긴장이나 어색함이 느껴지더라도 반드시 상대방의 눈을 똑바로 바라보면서 이야기를 하는 것이 좋다. 특히 꼭 전달해야 할 부분에서는 상대방의 눈에 시선을 고정시키고 이야기한다. 자신의 박력과 자신감을 전달함으로써 상대의 마음을 움직일 수 있는 것이다.

✦ 상대의 이름을 잘 기억해 두어라

카네기의 성공 비결은 무엇이었을까? 그는 사람들이 자기 이름에 대해서 비상한 관심을 갖고 있다는 데 착안하여 그들의 협력을 얻어 냈다.

루스벨트도 사람들의 호감을 얻는 가장 중요한 방법으로써 이름을 기억하는 데 대단한 관심을 보였다. 그런가 하면 루스벨트 밑에서 우정장관을 지낸 짐 펄리도 이름을 기억하는 데 남다른 정성을 쏟았다.

고등학교 문턱에도 가 보지 않았던 짐 펄리는 방문 판매원으로서 각지를 돌아다니며 고객의 이름을 기억하는 방법을 고안한 후 루스벨트가 대통령 선거를 치를 때 그의 선거 참모로서 매일 수백 통의 편지를 썼다. 그는 지방 순회 강연이나 집회에 참석한 사람들의 이름을 일일이 기억하여 정성스런 편지를 보냈던 것이다. 짐 펄리가 기억하고 있었던 사람들의 이름은 무려 5만 명이었다고 한다.

인간의 모든 행동의 배후에는 '중요한 존재가 되고 싶다'는 욕망이 잠재해 있다. 갓난아기는 자기에게 관심을 가져 달라고 울며 보채고, 어린애들은 주의를 끌기 위해 장난을 한다.

여성들은 자신의 존재를 드러내 사람들의 시선을 끌기 위해 유행의 첨단을 걷는다. 상대의 이름을 기억한다는 것은 상대의 존재를 인정한다는 것이다. 따라서 상대의 이름을 기억하여 존재를 인정하여 준다는 것도 강한 인상을 남기는 첫 걸음이다.

나폴레옹 3세는 자기야말로 다른 사람의 이름을 가장 많이 기억하는 사람이라고 공언했다. 그의 이름 기억법은 간단했다.

그는 상대의 이름을 분명히 알아듣지 못했을 때는,

"미안하지만 다시 한번 말씀해 주십시오."

하고 정중히 부탁했다. 만약 그 이름이 기억하기 어려우면 한 자 한 자 또박또박 되물었다. 그리고 이야기하는 도중에 몇 번이고 상대의 이름과 용모를 연결하여 기억하려고 애썼다.

사람은 누구나 모든 언어 가운데 가장 자랑스럽고 존귀한 존재로 자기 이름을 꼽는다. 이름이라는 것을 하나의 기호로만 보아서는 안 된다. 이름 하나하나에 담긴 사람들의 한없는 애착과 관심을 읽어야 한다.

사람들은 타인이 자기 이름을 기억하지 못하면 곧 자기의 존재가 잊혀진 것으로 간주한다. 그러므로 상대의 이름을 자주 불러 관심을 강조해 주면 첫 인상부터 좋아질 수 있다.

✤ 자기 소개는 분명하게 하라

자기 소개는 단지 이름을 밝히는 것에서부터 간단하게 자기를 알리는 방법에 이르기까지 여러 가지가 있다. 어쨌거나 자기 소개는 자기 표현 그 자체이다.

자기 소개 때의 인상은 그 후 두고두고 상대의 머릿속에 남는다는 점을 잊어서는 안 된다. 자기 소개시에 주의해야 할 포인트는 자신의 이름을 의식적으로 분명하게 말하는 것이다. 대개 자기 이름을 입 속에서 우물우물 말하는 사람이 많다. 이것은 가장 서툰 자기 표현법이다. 그렇게 되면 상대가 잘 알아듣지 못하기 때문에 이름을 기억하기는커녕 처음부터 당신에게 관심을 두지 않을 것이다.

그리고 왠지 어둡고 소극적이라는 인상을 상대에게 주어 처음부터 당신의 부정적인 면만 보여 주는 결과가 된다. 이름만은 항상 한 마디 한 마디가 분명하도록 발음해야 한다. 또한 처음에만 이름을 댈 것이 아니라, 취미나 기타 당신에 관한 이야기가 끝난 뒤 마지막으로 한 번 더 이름을 말하는 것이 바람직하다. 마지막에 한 번 더 이름을 말하면 상대의 머릿속에 확실히 기억될 것이다. 동시에 그러한 적극적인 자세는 곧 당신의 성격이 적극성으로 비치게 된다.

✤ 상대에게 관심을 보여라

미국의 정치가 어닐이 하원 의원에 입후보했을 때의 일이다.

어느 날 야외 강연을 개최하여 막 단상에 오르려는 데 갑자기 한 청년이 앞으로 나서며 인사를 하는 것이었다.

"선생님, 안녕하세요?"

그 청년은 자기가 어닐과 같은 유력자와도 잘 알고 있다는 것을 과시하려고 나섰던 것이다. 그런데 어닐의 반응이 의외로 재미있었다.

"오, 자네도 왔구먼! 그래, 아버님은 안녕하신가?"

어닐은 청년의 말에 관심을 보여 주었다. 그러자 청년은 더욱 신이 난 표정이었다.

"네. 그런데 그만 작년에……."

"저런! 돌아가셨구먼? 참 건장하셨는데……."

이러다 보니까 이야기가 길어졌다.

그런데 그 청년은 자기 아버지를 칭찬해 주는 어닐에게 감복해서 강연 도중 떠드는 사람이 있으면 서둘러 주의를 주고, 장내가 어지러워지면 자원해서 정리했다. 그는 당원도 아니면서 그 날 자원 봉사 노릇을 톡톡히 했다.

강연회가 끝나자 어닐의 측근이 물었다.

"선생님, 그 청년을 잘 아십니까?"

"아니."

"그런데 어떻게 그리 상세히 알고 계십니까?"

"이보게, 이 세상에 아버지 없는 사람 보았나? 그리고 아버지 싫어하는 사람 있던가? 누구나 자기 부모를 칭찬하면 감탄하는 법이야. 나도 그 청년의 기분을 만족시켜 주기 위해서 그랬을 뿐이라네."

어닐은 전혀 안면이 없는 청년에게 관심을 보여 주었기 때문에 강연회를 무사히 마치는 데 작으나마 도움을 받았으며, 나아가 그 청년은 돌아다니면서 청중들이 어닐에게 호감을 갖도록 하는 분위기 조성에 공헌했던 것이다.

> **사례**
>
> 사람에게는 상대가 자신에 대해 관심을 보인다는 사실 하나만으로 자신도 상대에게 관심을 갖고자 하는 경향이 있다. 상대방이 나를 위해 신경을 쓰고 있다는 심리적인 부담감을 되도록 없애기 위해 무의식중에 자신도 그에 맞먹는 부담을 상대에게 주려 하기 때문이다.
> 이러한 심리적 경향은 첫 대면에서 서로의 관계를 보다 원만하게 만드는 데에도 상당히 참고가 된다. 즉, 하찮은 말 한 마디라도 관심을 가지고 듣는다는 것을 보여 줌으로써 상대로 하여금 미안한 마음에 젖도록 하고, 따라서 거기에 대응하는 상대의 태도를 이끌어 낼 수 있다. 말하자면 마음속의 기브 앤드 테이크인 것이다.
> 자칫 어색해지기 쉬운 첫 대면에서의 이런 작전은 서로의 관계를 원만하게 만들어 주는 윤활유가 충분히 될 수 있다.

✚ 상대의 경력 등은 묻지 않는다

"실례지만 어느 대학을 나왔습니까?"

첫 대면에서 우리는 곧잘 이러한 질문을 하거나 듣게 된다. 이때 일류 대학을 나왔다고 콧대를 세워서 대답할 수 있는 사람이라면 좋겠지만, 그렇지 않은 사람도 있을 것이므로 이런 질문은 가급적 삼가야 한다.

상대의 경력 등에 관한 질문은 첫 대면에서 하지 않는 게 예의이다. 이 점을 거꾸로 활용하면 뜻밖의 좋은 결과를 얻을 수도 있다.

우리나라 사람들은 고향과 모교에 대한 애정이 유난하다. 물론 자기가 태어난 곳, 꿈을 키운 곳에 대한 사랑을 간직하고 있다는 것은 좋은 일이다. 그러므로 이러한 우리나라 사람들의 특성을 화술에 활용하는 것이다.

경험이 많은 세일즈맨들은 사람을 만나기에 앞서 그 사람의 출신지와 출신 학교 정도는 미리 조사해 둔다. 상대의 출신 지역이나 출신 학교를 칭찬함으로써 상대에게 좋은 인상을 주는 것은 화술의 초보적인 테크닉이다. 만일 자신과 상대가 같은 지역의 출신이거나 동창관계임이 밝혀지면 처음부터 단숨에 친밀한 관계가 형성될 수 있다.

설령 그렇게까지는 일이 풀리지 않는다고 하더라도 상대에 대해 깊은 관심을 가지고 있다는 것을 알리는 셈이 되므로 첫 대면은 일단 성공적이라 할 수 있다.

04
화제의 설정과 수집 관리

✢ **갈 길이 바빠서** ｜ 장날 저녁 시골 주막 봉놋방은 장꾼들로 발 디딜 틈이 없었다. 봉놋방도 차지하지 못한 장꾼들은 넓은 대청마루에 아무렇게나 자리를 차지하고 누워서 잠들을 청했다. 날이 밝는 대로 인근 장으로 가야 할 사람들이었다. 그런데 뒤늦게 젊은 서방 하나가 주막에 들었는데 아내까지 데리고 있었다.

"보다시피 장날이라서 방이 없습니다."

주막 주인의 말에 서방은 난감한 표정을 지었다. 밤은 깊은데 아내를 데리고 산길을 넘을 수가 없었던 것이다.

"그렇다면 대청마루 한 켠이라도 좀 빌리세."

"대청에도 장꾼들이 북적거리는데 어떻게 마님을 모시고……."

"병풍이라도 한 폭 펼치면 될 것 아닌가."

그렇게 하여 대청 한 켠에 병풍을 두르고 젊은 내외가 자리를 차지하고 누웠다. 피곤하다며 일찍들 잠을 청하던 장꾼들이 이 광경을 보고 온 신경을 그쪽에다 집중시키기 시작했다. 다들 자는 척하면서도 귀는 병풍 쪽에다 열어 놓고 있었다.

그런데 이게 웬일인가. 병풍 뒤로 들어간 두 내외가 겉옷을 병풍 위에다 척척 걸치더니 그 위에 또 속곳까지 걸치는 것 아닌가. 속곳까지 벗고 이불 속에 들었다면 다음에는 뻔한 것 아니겠는가. 장꾼들은 그렇게 생각하고 잔뜩 기대했다.

아니나 다를까 잠시 후 병풍 뒤에서 부스럭거리는 소리가 들렸다. 그 소리에 장꾼들은 살금살금 병풍 밑으로 기어 갔다. 그들은 병풍 틈새로 두 내외가 하는 짓을 엿보기 시작했다.

처음에는 한두 장꾼이 병풍 밑에 엎드려 훔쳐보기 시작했다. 그러나 이내 다른 장꾼들도 너도나도 달려드는 바람에 병풍 밑에서는 자리 다툼까지 벌어졌다. 그런데 이런 자리에는 으레 동작이 굼뜬 자가 있게 마련이라, 한 녀석이 뒤늦게 분위기를 파악해 보니 희한한 구경거리가 벌어져 있는 것이 아닌가. 그 녀석이 뒤늦게 병풍 밑으로 기어 갔지만 그곳은 이미 머리카락 하나 들이밀 데가 없었다.

이리 기웃 저리 기웃 해 봐도 남의 궁둥이밖에 안 보이는지라, 이 녀석은 냅다 용기를 내어 일어서서 병풍 너머로 고개를 쑥 들이밀었다. 과연 희한한 구경거리가 벌어지고 있는데, 두 내외는 그 일에 정신이 팔려 장꾼들이 훔쳐보는 것도 모르고 있었다.

그런데 병풍 밑에서 자리 다툼을 하는 과정에서 그만 병풍이 쓰러지고 말았다. 우당탕 꽝! 하는 소리와 함께 병풍이 쓰러지자, 구경하던 장꾼들은 그 자리에서 벌렁 드러누워 코를 고는 시늉을 했다.

"이 사람들이 남의 안방을 엿보다가 자는 척만 하고 있으면 다 되는 줄 아나!"

젊은 서방이 버럭 소리를 질렀다. 그래도 장꾼들은 나 몰라라 자는 시늉만 하고 있었다.

　그런데 젊은 서방이 보니까, 다들 나자빠져 자는 척하고 있는데 한 녀석만은 서서 코를 골고 있지 않은가. 병풍 너머로 넘겨다보던 녀석이 나자빠질 여가가 없으니까 급한 김에 그대로 선 채 눈을 감고 코를 골아 댄 것이다.

　"어라, 이 녀석은 선 채로 코를 고는 시늉을 하고 있네?"

　그러자 녀석의 대꾸가 가관이었다.

　"나야 내일 새벽 갈 길이 바빠서 미리 서서 잠을 자 두려는 것이오. 왜, 뭐가 잘못됐소?"

◆ 화제가 풍부해야 인기가 있다

　필자는 이 이야기를 선배뻘 되는 사람한테서 들었다. 필자의 재주가 그것뿐이라서 그런지 이렇게 글로 옮겨 놓고 보니까 김 빠진 맥주처럼 뭔가 이상하고 그다지 재미있는 것 같지 않은데, 술자리에서 이 이야기를 들을 때는 어떻게나 배꼽을 잡고 웃었던지…….

　옛날에는 장터나 동네의 사랑방을 찾아다니면서 재미있는 이야기를 들려 주는 것으로 밥벌이를 삼는 직업이 있었다고 한다. 그런 사람을 전기수라고 불렀는데, 그 선배는 타고난 전기수이거나 아니면 적어도 그 후예라도 되는 듯, 손짓 발짓에 목소리까지 흉내내어 이야기를 하니 훨씬 실감이 나지 않을 수 없었다.

　그런데 그 선배는 어디서 이런 이야기들을 주워 모으는지는 몰라도 영락없는 이야깃주머니였다. 기분이라도 괜찮아 이야기를 술술 풀어내기 시작하면 밤이 새는 줄을 모른다. 시중에 흔히 유행하는 유머에서부터 시작하여, 고대 소설에나 나올 법한 대목, 해외 토픽에 소개되었음직한 것 등 그 소재는 무궁무진한 편이다. 우스갯이야기뿐만 아니라 그 선배는 시사 상식 등에도 밝아 진지한 토론이 벌어지면 대개 화제를 주도하곤 한다.

이처럼 그 선배는 말주변이 좋기 때문에 항상 인기가 좋았다. 그래서 그 선배가 참석한 모임은 늘 유쾌한 상태로 끝난다.

그런데 가만 보니 그 선배의 끝이 없는 이야기 보따리는 사실 그저 마련된 것이 아니었다. 그 선배는 자신의 이야기 보따리를 풍부하게 마련하기 위해 끊임없이 화제를 수집하고 자기 나름대로 각색을 하는 것이었다. 이와 같이 이야기를 잘 하려면 끊임없는 준비가 필요하다.

화제의 수집

좋은 화제는 어디에나 항상 널려 있는 것이 아니며, 또 불필요한 화제는 아무리 많이 모아도 다른 사람을 감동시킬 수 없다. 좋은 이야기의 자료를 모으려면 능력과 인내와 시간이 필요하다. 생각나는 대로 이야깃거리를 수집하기는 어려운 일이다. 그러므로 자기 힘으로 적극적으로 모으는 것이 곧 화제를 모으는 비결이다.

대개의 경우 자기와 관계가 없거나 인연이 없는 화제에 대해서는 이야기하지 않는 편이 자연스럽다. 따라서 자기와 관계 있는 화제에 대해 자료를 모으는 것이 좋다. 자기와 관계 있는 화제나 자기가 특히 흥미를 가지고 있는 화제라면 언제나 사람들의 주의를 끌 수 있다.

화제는 어디서나 찾을 수 있으므로 흔히 화제의 수집을 가볍게 여기기 쉽다. 중요한 것은 화제가 있을 법한 소스를 분명히 알아 놓고 자료를 모으는 일이다. 그것은 대개 4, 5부류로 나눌 수 있다. 자기의 체험, 남의 경험, 본 것, 읽은 것, 그리고 생각한 것 등이 그것이다.

✤ 우리의 주변은 화제의 보고

이야깃거리가 없어서 이야기를 못 한다고 말하는 사람들이 의외로 많다. 그러나 그런 사람들은 실제로 화제가 없는 것이 아니라 평상시 생활에서 화제를 모으려는 노력을 등한시한 것이다.

신문이나 주간지를 잠시 들여다보아도 얼마든지 좋은 화제를 구할 수 있고, 남에게서 들은 이야기라도 나름대로 조금만 생각하면 훌륭한 화제가 될 것이다. 또한 자신의 어떤 체험이라도 살아 있는 화제로써 사람을 끌어들일 수 있다.

그런데도 이야기할 재료가 없다고 하는 것은 세상의 사상이나 사물에 대해서 무관심하기 때문일 것이다. 좋은 화제를 구하기 위해서는 일상의 모든 일에 대해서 안테나를 쳐 놓아야 한다. 그리고 그 안테나에는 지적 호기심의 전류를 통하게 해야 한다.

당신은 바다 한가운데의 외딴 섬에 살고 있는 것도 아니고, 또한 감옥의 독방 속에 갇혀 있는 것도 아니다. 어떻게 보면 당신은 화제의 숲 속에 살고 있는 것이다. 따라서 항상 문제 의식을 지닌 채 사물을 관찰하며 살아가야 할 것이다.

듣기와 보기

화제의 일차적인 수집 경로는 남의 이야기를 통해서이다. 남의 이야기를 잘 듣는다는 것은 자신이 모르는 것을 그 사람으로부터 배운다는 말이다.

사람은 각기 서로 다른 생활 체험을 가지고 있다. 엄밀하게 따지면 똑같은 체험이란 있을 수 없다. 따라서 남의 이야기를 들음으로써 당신은 스스로 체험하지 못한 일을 간접적으로 경험하게 되는 것이다. 그것은 곧 좋은 화제를 남으로부터 무료로 제공받는 것이나 다름없다. 듣기와 더불어 보기도 화제의 수집 경로로써 중요하다. 세심한 관찰을 통해 우리는 얼마든지 좋은 화제를 모을 수 있다.

예를 들어 우리가 날마다 이용하는 전철 안에서도 좋은 화제를 숱하게 관찰할 수 있다. 먼저 눈에 들어오는 것이 손잡이다. 수많은 사람들이 전철을 이용하지만 그 손잡이를 잡는 방법도 각양각색일 것이다. 얌전히 잡는 사람, 매달리다시피 잡는 사람, 두 개를 혼자 차지하는 사람, 넘어지지 않으려고 힘을 주며 잡는 사람 등 각자의 다양한 개성과 버릇을 관찰할 수 있다.

이처럼 손잡이 하나만 관찰하더라도 매우 재미있는 이야기를 만들어 낼 수 있다. 관찰을 통해서 우리는 언제 어디서나 이야기의 재료를 수집할 수 있다. 화제는 우리 주변에 무한대로 널려 있는 것이다.

업무와 관련 없는 책도 읽는다

"나는 업무에만 능통하면 되니까 다른 것은 몰라도 돼."

이렇게 장담하고 다니는 사람은, 사실 멍청한 사람이다.

입사 초기에는 업무와 관련된 전문 서적을 많이 읽게 된다. 그러나 업무 파악이 끝난 다음에는 업무 이외의 책을 열심히 읽는 것이 좋다. 그것이 업무에 지친 머리를 식혀 주는 청량제가 될 것이다.

또한 승진을 할수록 교제의 범위도 넓히고 인간으로서의 폭도 넓혀야 한다. 그렇지 않고 업무 이외에는 아무것도 모르면 당신은 '전문 바보'가 되어 버린다. 실력 위주의 경쟁 사회 속에서 살아남기 위해서는 폭넓은 지식과 교양이 요구된다. 이런 시대에 전문 지식 이외에는 아무것도 모른다면 단순한 직업인으로 전락하기 십상이다.

그리고 나아가 당신의 업무 자체의 폭도 제한될 것이다. 되도록 업무와 관련이 없는 책을 많이 읽어야 한다. 자기와는 다른 분야에 종사하는 사람들이 어떤 방식으로 인생을 살아가고 있는지, 그 길에 일생을 바쳐 온 사람은 어떤 철학을 가졌는지 등을 살펴볼 필요가 있다. 그렇게 다양한 삶의 방법을 접하는 가운데 당신은 좋은 화제를 찾을 수 있을 것이다.

효과적인 신문 읽기

직장인들이 아침에 일어나서 출근 준비를 끝내고 집을 나서기까지 평균 40분 정도 걸린다는 조사 결과가 있다. 대개의 경우, 이 40분 동안에 세수를 하고 식사를 하며 텔레비전을 보는 것이 고작일 것이다.

  아침에 조금이라도 더 잠을 자고 싶은 직장인은 아침도 먹지 않고 현관에 떨어져 있는 신문을 움켜잡은 채 집을 나서든 것이 당연지사가 되어 버렸는지도 모른다.

  또한 만원 전철 안에서 신문조차 펴들 수 없어 접었던 신문을 그대로 들고 와서 회사에서 차를 마시면서 그제야 펼쳐 보는 사람도 있을 것이다.

  그런가 하면 아침에 출근하자마자 신문을 펼치는 태도는 윗사람의 눈에 거만하게 비칠 수도 있다는 생각에 하루종일 신문도 읽지 못하고 그대로 보내는 사람도 있을 것이다.

  오늘날의 직장인은 신문 읽을 시간조차 없이 바쁘다. 하지만 무슨 일이 있더라도 그날그날의 신문은 꼭 읽을 것을 권하고 싶다. 어떻게든 시간을 쪼개어 신문을 읽어야 한다. 요즘의 신문은 텔레비전이나 라디오 등의 매체에서 접할 수 없는 정보를 독자에게 전해 준다.

  특히 어떤 사회 현상에 대한 심층 분석이라든가 해설 기사 같은 것은 꼭 챙겨 읽어야 한다. 최소한 그런 기사는 저녁에 퇴근해서라도 읽어 두는 것이 좋다.

  그렇게 하다 보면 당신에게도 이제 뉴스의 표면과 이면을 동시에 보는 눈이 생기고, 당신의 머릿속에는 갖가지 화제가 축적되어 있을 것이다. 그것이 대화의 씨앗이 되어 어떤 사람과의 대화에서도 망설이는 일이 없어지게 된다.

✦ 왕성한 호기심을 나타낸다

인생의 경험이 풍부한 사람과 이야기를 나눌 때는 그 사람으로부터 여러 가지 이야기를 이끌어 내야 한다. 왕성한 호기심으로 '왜', '무엇 때문에' 등의 질문을 해 보라. 그럴 때 당신은 처음부터 끝까지 듣는 위치에 있어도 무방하다. 무엇이건 상대로부터 화제를 얻어 내기 위해서는 체면 따위는 생각하지 않아도 좋다.

젊은 사람으로부터 질문을 받으면 나이 많은 사람은 자신의 풍부한 인생의 경험이나 생활의 체험을 이야기해 주기 마련이다. 나이 든 사람들은 젊은 사람들에게 무엇인가 전해 주고 싶어한다. 게다가 젊은 사람이 진지한 호기심을 나타내니 모든 인생 경험을 털어놓고 싶어지는 게 당연하다.

술자리 등에서 상사가 젊은 부하 사원에게 인생의 교훈을 늘어놓는 것을 흔히 볼 수 있다. 성실한 호기심으로 그것을 받아들여야 한다. 무엇인가를 배우고 싶다는 심정이 있는 그대로 상대에게 전해져 당신은 좋은 이야기를 들을 수 있을 것이다. 그리고 그것이 당신의 화제를 풍부하게 하는 적극적인 수단이 된다.

✦ 화제의 선택

화제를 수집하는 것도 중요하지만 그것을 선택하는 것도 중요하다. 즉, 상대의 호감을 사기 위해 무슨 이야기를 할 것인가가 더 중요하다. 상대가 무슨 이야기를 하고 싶고 또 듣고 싶어하는지를 확실히 알고 있으면 대화의 주도권을 장악할 수 있다.

등산이 취미인 사람은 자기가 다녀 본 산의 아름다움을 이야기하기를 좋아하며, 낚시가 취미인 사람은 낚은 고기의 크기와 종류를 말하고 싶어한다. 이야기를 할 때 상대가 무슨 취미를 가지고 있는지를 확인하여 그 취미와 관계 있는 화제를 선택하면 대부분의 대화는 매끄럽게 이어져 나간다.

사람은 누구나 자기 중심적이므로 화제 역시 자기 신상에 관한 것이 대부분이다. 화제가 신통치 않으면 말할 가치도 들을 가치도 없다. 대화에 있어서 화제의 선택은 가장 중요하다.

그렇다면 좋은 화제란 어떤 것을 말할까? 말하는 이의 아이디어가 비록 훌륭하다 해도 그것만으로는 좋은 화제라 할 수 없다. 좋은 화제란 말하는 이가 목적을 달성하는 데 가장 적합하고, 듣는 이와 분위기의 조건에 잘 조화되어야 한다.

화제의 성격을 좀 더 구체화하면 다음과 같다.

∷ 친숙한 화제

친숙한 화제라야 듣는 이의 관심을 끌 수 있다. 듣는 사람이 친근감을 느끼고 흥미를 가져야 대화의 일차적인 목적이 이루어지는 것이다.

그런데 상대를 잘 알고 또 상대가 혼자라면 어떤 화제가 상대에게 친근감을 줄 수 있는지 금방 알 수 있으나, 그렇지 않은 경우라면 신중하게 화제를 선택해야 한다. 상대를 잘 모르고 있을 경우에는 이런저런 이야기를 끄집어 내어 상대가 어떤 분야에 관심을 기울이는지 분석해야 한다. 그리고 상대가 다수일 때는 전체에 공통되는 관심사가 무엇인가를 현명하게 살펴보지 않으면 안 된다.

:: 명확한 화제

애매모호하지 않고 명확한 화제를 선택해야 한다. 무슨 말인가를 실컷 들었는데 무슨 내용이었는지 인상에 전혀 남지 않는 경우가 있다. 이러한 화제는 듣는 이에게 괴로움만 준다.

'행복'이라든가 '우정' 등과 같이 주제 자체가 추상적이고 관념적이라도 그 주제를 이끌어 나가는 화제는 구체적이어야 한다. 즉, 관념적인 주제를 이야기하면서도 구체적이고 알기 쉬운 예화가 곁들여지면 문제는 달라진다.

화제는 구체적이고 명확해야 생동감을 갖는다. 이야기는 언어로 스케치하는 그림이라고 볼 수 있다. 선명하고 구체적인 그림을 듣는 사람의 가슴에 그려 주어야 한다.

:: 적절한 화제

신문이나 방송에서 매일 뉴스가 보도되는 것은 뉴스가 그만큼 가치를 지니고 있기 때문이다. 뉴스는 결국 대중의 요구에 딱 들어맞는 화제이다. 이와 같이 화제는 때와 장소, 그리고 이야기를 듣는 사람의 관심과 수준에 적절해야 한다. 대체적으로 적절한 화제란 다음과 같은 화제를 말한다.

첫째, 지식욕을 만족시키는 화제가 적절한 화제이다

사람은 항상 새로운 것을 알고자 한다. 미지의 세계는 매혹적이기 때문이다. 그래서 새로운 뉴스 등의 신선한 화제는 사람의 마음을 끈다.

둘째, 호기심을 자극하는 화제가 적절한 화제이다

어떤 사실을 처음 들을 때는 누구나 마음이 설렌다. 이를테면 정치권의 뒷이야기, 연예인에 관한 신상 이야기 등은 누구라도 호기심을 갖는 화제이다. 또 흔히 알려지지 않은 화제는 언제나 신기하다. 그리고 특히 인간은 인간에 관한 이야기에 더 흥미를 갖는다. 놀라운 경치를 말하거나 역사적인 사실을 말할 때도 관련된 사람과 결부시켜 이야기하면 더 효과적이다.

셋째, 행동을 일으키는 계기가 되는 화제가 적절한 화제이다

아침에 집을 나설 때 하늘이 잔뜩 찌푸려 있으면 우산을 갖고 나갈지 망설이다가 일기 예보를 주의 깊게 듣게 된다. 또 아이를 키우는 엄마라면 육아에 관한 화제에 관심을 기울일 것이다.

이와 같이 당면한 문제에 어떻게 대처해야 할지 갈피를 못 잡고 있는 사람에게 도움이 되는 이야기를 들려 주면 상대는 열의를 갖고 듣게 된다. 길을 잃었을 때 행동 방향을 암시해 주는 듯한 화제가 바로 적절한 화제이다.

넷째, 이해와 직접 관계되는 화제가 적절한 화제이다

주식에 투자한 사람은 주식의 시세와 관계되는 이야기에 대단히 민감하다. 이와 같이 이해와 관계되는 화제에는 누구나 관심을 갖는다.

05
유머와 위트의 화술

◆ 빨래가 말을 한다

옛날에 야간 통행금지 제도가 있을 때의 일이다. 한 술꾼이 밤새도록 술을 먹다가 통행금지 시간을 넘겨 골목길을 골라 살금살금 집으로 돌아가는데 순라꾼들과 맞닥뜨리게 되었다.

술꾼은 그제야 정신이 바짝 들어 골목길을 살펴보았으나 도망갈 구멍이라고는 보이지 않았다. 하는 수 없이 한 가지 꾀를 써 본다고 담벼락 가에 바짝 붙어 숨을 죽이고 서 있었다.

순라꾼이 다가와 술꾼을 발견하고는 다그쳤다.

"어라, 여기서 뭐 하는 거요?"

그러나 술꾼은 아무런 대꾸도 하지 않았다.

"대답이 없는 걸 보니 빨래인가?"

순라꾼이 혼잣말로 중얼거리자 술꾼은 옳다구나 싶어 이렇게 대꾸했다.

"맞소, 나는 빨래요!"

"이런, 빨래가 말을 하네!"

"빨래가 말을 하는 게 아니라, 빨래를 걸치고 있는 내가 말을 하는 것이오. 내게는 이 옷이 단벌이라서 이렇게 입은 채로 빨아 말린단 말이오."

그 말에 순라꾼은 고개를 갸웃거리면서 멀어져 갔다.

유머는 인간관계의 윤활유

소문만복래라는 말이 있다. 웃음으로 대표되는 평화나 공명, 쾌활 등의 심정이 행복을 가져오는 원인이 된다는 뜻이다.

인간은 이 세상의 만물 중에서 가장 밝고 활기찬 동물이다. 그 중에서 가장 특출한 것은 인간만의 특징인 웃음이다. 대화에서 이런 웃음을 이끌어 내면 대화 자체가 한결 부드러워진다. 즉, 대화에 유머가 들어가면 논쟁을 예방하고 격의를 없애 주며 상대를 부드럽게 감싸 불만을 해소시켜 주는 데 효과가 크다. 특히 의사소통에 장애가 생겨 서로 화를 내게 되었다거나 대화가 단절되었을 때 유머의 역할은 더욱 빛난다.

현대 사회는 메말라 있다. 합리적인 능률주의가 일반화되어 있다. 사회가 메마르면 메마를수록 더욱 풍부한 인간성과 유머가 필요해진다.

유머가 있느냐 없느냐는 일상 생활이나 비즈니스에서 인간적인 매력을 좌우하는 척도가 되기도 한다. 만약 어떤 일에 의견을 일치시키지 못하여 불만이 싹트게 되면 먼저 웃음으로 난국을 타개하라, 유머는 긴박한 순간을 기지로써 모면시키는 힘을 지니고 있다. 아무리 불만에 차 있던 상대라도 유머 앞에서는 불쾌한 감정을 잊어버린다.

웃음은 외형적으로 나타나는 형식이다. 따라서 말이 내용이라면 유머는 내용을 가꾸어 주는 형식이다. 형식이 내용의 결점을 보완하고 새롭게 전개시키는 것이다.

"진실된 유머는 머리로부터 나온다기보다는 마음에서 나온다. 말의 노예가 되지 말라. 남과의 언쟁에서 화를 내기 시작하면 그것은 자기를 정당화시키기 위한 언쟁이 되고 만다."

영국의 사상가 칼라일의 이 말은 언쟁이 일어났을 때 유머의 힘을 최대한 활용하여 언쟁의 요소를 둔화시키라는 뜻이다. 상대가 욕구 불만의 상태에서 대화를 회피하거나 우호적인 분위기를 깨뜨리려고 획책한다면 유머의 힘으로 상대의 불만을 중화시키려는 노력을 기울여야 한다.

유머는 그 어떤 욕구 불만도 해소시키는 힘을 지니고 있기 때문이다. 유머의 바탕에는 따뜻한 휴머니즘이 깔려 있어야 한다. 이러한 유머는 인간관계에 있어서 곧 윤활유의 역할을 한다.

어이없는 실패담이 웃음을 이끌어 낸다

웃음을 이끌어 내는 데는 두 가지 원칙이 있다. 어이없는 실패담과 엉뚱한 결말이 그것이다.

첫 번째 원칙인 어이없는 실패담은 듣는 사람으로 하여금 우월감을 자아내게 한다.

"나 같으면 그런 실수는 하지 않을 거야."

이런 우월감을 가지면서 상대는 웃음을 터뜨리는 것이다. 결국 웃을 수 있다는 것은 상대보다 유리한 입장에 있기 때문이다. 이것을 바꿔서 말하면 상대를 유리한 입장에 서게 하면 웃는다는 뜻이다.

어이없는 실패담이 웃음을 자아내는 것도 바로 이 때문이다. 실패담을 늘어놓았다가 인격적으로 점수를 깎이면 어쩌나 하고 걱정할 필요는 없다. 실패담을 통해 우리는 그 사람의 인격적인 매력과 친밀감을 느끼게 된다.

텔레비전에서 기사를 해설하던 아나운서가 그만 시간이 다 되었다는 사인을 받고 당황한 탓에 엉겁결에 이렇게 말했다.

"아, 시간이 다 되었군요. 그만 하랍니다. 그럼……."

그러다가 아직 시간이 15초쯤 남았다는 PD의 황급한 사인을 재차 받고는,

"아, 시간이 남았다는군요. 그럼 재미있는 프로를 소개해 드리겠습니다."

하고 잠시 음악회에 관한 서두를 꺼냈다. 그러다가 시간이 다 되었다는 마지막 사인을 받자 이렇게 말했다.

"하여튼 이런 것들입니다. 그럼 안녕히 계십시오."

시청자들은 배를 잡고 폭소를 터뜨렸다.

실수가 되풀이되면 웃음이 유발된다. 아무리 사소한 실수라도 계속하면 유머로 인정되는 것이다.

엉뚱한 결말이 웃음을 유발한다

실패담과 더불어 엉뚱한 결말 또한 사람을 웃게 한다. 사람들은 전혀 예상하지 못했던 일이 일어나면 저절로 폭소를 터뜨린다.

어느 회사의 면접시험에서 있었던 일이다.

"열차가 달려오고 있습니다. 그런데 레일에 이상이 있어 열차를 세워야 할 텐데 신호기가 고장이 났습니다. 자, 이럴 때 당신은 어떻게 하겠습니까?"

면접관이 이렇게 물었다.

"네, 깃발을 들고 정지 신호를 보냅니다."

"마침 밤이라 깃발이 보이지 않는다면?"

"램프로 신호를 보냅니다."

"마침 램프도 없다면?"

"그럼 연기로 신호를 보내지요."

"그것마저 불가능할 때는?"

"그렇다면 별 수 없이 집에 연락해서 동생을 빨리 오라고 해야겠군요."

"동생은 왜?"

"제 동생은 항상 열차 사고 현장을 보는 게 소원이라고 했거든요!"

수험생의 이런 대답에 면접관들은 웃음을 터뜨리지 않을 수 없었다.

사람은 어떤 문제가 제시되면 자기 나름대로 해답을 준비하는데, 그 결과가 판이하게 될 때는 웃음을 터뜨린다. 큰 기대를 갖게 한

다음에 슬쩍 엉뚱한 결과로 바꿔치기해 버리면 웃지 않을 수 없다. 전혀 예상치 못했던 결과가 가슴 속에 쏙 들어와 박히는 것이다.

유머 감각을 갈고 닦는다

유머 감각은 하루아침에 생기는 것이 아니다. 지속적으로 연습을 해야 한다.

그리고 유머를 구사한답시고 상대의 마음에 상처를 입혀서는 안 되므로, 그러한 측면에서도 연습이 필요하다.

남의 결점을 건드리는 말이나 혐오감을 주는 유머는 제대로 된 유머라고 할 수 없다.

유머를 연습하는 장소로는 역시 집 안이 적격이다. 아내나 아이들에게 연습하는 데 티를 내지 말고 유머를 구사하다 보면 유머 감각도 늘고 집안 분위기도 명랑해질 것이다.

유머가 풍부한 사람은 어딜 가나 환영받는다. 유머가 풍부하다는 것은 그만큼 자료가 많다는 뜻이다.

자료 수집은 책을 통해서 하는 것이 제일 빠르고 쉽다.

그러나 읽기만 해서는 모자란다. 읽은 후에 필요한 것이 있으면 메모를 해 두어야 한다.

또한 메모한 것을 그대로 쓰면 가치가 없으므로 자기 나름대로 각색을 해야 한다.

유머의 소재는 주변에 널려 있다

보신탕집에 손님 다섯 명이 들었다. 종업원이 테이블에 물수건과 물잔을 갖다 놓고 손님들 얼굴을 쳐다보면서 물었다.

"모두 개죠?"

느닷없는 그 물음에 손님들은 박장대소를 하며 웃었다.

"모두 개냐고? 그래, 우리 모두 개다!"

그런데 그 다음에 종업원이 주방에다 대고 외치는 소리가 더 걸작이었다.

"개가 모두 다섯이오!"

어이가 없고 기가 찬 말이지만 손님들은 유쾌히 웃을 수밖에 없었다.

이와 같이 웃음은 우리의 일상 생활의 주변에서 얼마든지 찾을 수 있다. 다시 말해 유머의 소재는 어디에나 널려 있는 것이다.

웃는다는 것은 하나의 습관이다. 이 습관을 완전히 몸에 밴 것으로 만들기 위해서는 웃음의 재료를 적극적으로 찾아내고 여기에 대응해서 자꾸 웃어야 한다. 그러면 자연스럽게 하나의 습관으로 자리 잡을 것이다.

웃음의 재료는 사람이 사는 곳이라면 어디든지 있다.

우리 선조들 가운데는 풍부한 해학을 지녔던 사람이 많다. 봉이 김선달이 그렇고 정수동이 그러하며 또 김삿갓도 해학이라면 둘째가기를 서러워했다. 이러한 선조들의 웃음을 우리는 본받아야 한다.

다음 이야기는 수주 변영로 선생의 수필에 소개된 일화이다.

사례

소년 시절 변영로는 YMCA 회관에 영어를 배우러 다녔다. 하루는 종로 거리를 지나는데 누군가가 뒤에서 큰소리로 '변정상 씨, 변정상 씨!' 하고 자신의 부친 함자를 자꾸 부르는 것이었다. 변영로는 이상하게 생각하며 뒤를 돌아보았다. 그런데 월남 이상재 선생이 자기를 바라보며 그렇게 부르는 것이 아닌가.
변영로는 어린 마음에 너무 화가 나서 따지고 들었다.
"아니, 선생님. 노망이라도 나셨습니까? 아버지와 자식의 이름도 구별하지 못합니까?"
그랬더니 월남 선생은 껄껄 웃으면서 이렇게 말하는 것이었다.
"이놈, 그래 네가 변정상의 '씨'가 아니고 무엇이냐? 아니라면 너는 대체 누구의 자식이란 말이냐?"
그 말에 변영로는 대꾸를 찾지 못했다.

유머는 마음의 여유에서 나온다

우리나라 사람들은 지나치게 경직되어 마음의 여유가 없는 것 같다.

인도 독립의 아버지 간디는 이렇게 말했다.

"나에게 유머를 즐길 수 있는 센스가 없었더라면 아마 자살하고 말았을 것이다."

정신적으로 그렇게 강인하고 강렬한 개성을 지녔던 간디도 이렇게 유머를 높이 평가했으며, 이야기할 때는 언제나 의식적으로 유머를 즐겼던 것이다. 유머는 인생을 즐기는 자극제이다. 유머가 없는 삶은 무미건조하다. 유머는 자아의 밖에서 자아를 관조하는 초자아이다. 따라서 메마른 인간의 생활에 청량제로써 작용한다.

유머가 있는 이야기는 듣는 사람의 마음을 사로잡고 위로하며, 행동을 분발시킨다. 직장에서도 유머가 있는 말 솜씨는 주위 사람들을 부드럽게 감싸 주고 분위기를 밝게 한다.

유머란 상대에 대한 마음 씀씀이며, 그 말 한 마디로 주위를 포근히 감싸 준다. 그리고 그것은 마음의 여유에서 생겨난다. 각박한 마음에서는 유머가 나올 수 없다.

유머에는 우아함이 있어야 한다

웃기는 이야기라고 해서 전부 유머는 아니다. 유머란 무조건 웃기는 이야기라고 착각해서 천박한 표현으로 남을 웃기려 드는 사람이 있는데, 그것은 결코 유머가 아니다. 그런 웃음은 씁쓰레한 뒷맛을 남길 뿐이다.

유머에는 우아함이 있어야 한다. 그러기 위해서는 교양을 갖춰야 한다. 교양이란 마음의 풍요함이며, 남을 헤아리는 깊은 마음가짐이다.

배우기는 많이 배웠어도 교양이 없는 사람은 얼마든지 있다. 학력을 내세우고 다니는 사람은 바로 교양이 없다는 증거이다. 지식을 자랑하는 사람 또한 마찬가지이다.

교양 있는 사람이란 상처받기 쉬운 상대의 마음을 헤아릴 줄 아는 섬세한 성격의 소유자이다.

따라서 교양 있는 대화를 하기 위해서는 다음과 같은 조건을 갖추어야 한다.

- 듣는 사람의 마음을 헤아린다.
- 말하기 전에 부드러운 마음가짐을 잊지 않는다.
- 알기 쉬운 표현을 사용한다.
- 풍부한 교양을 갖춘다.
- 타이밍에 맞추어 이야기한다.

이러한 조건을 생각하면서 이야기하는 습관을 들이면 당신의 대화 능력은 틀림없이 향상될 것이다.

무엇보다도 마음의 여유를 잃지 마라. 마음의 여유가 있어야 유머가 나오기 때문이다.

비즈니스에도 유머의 발상이 필요하다

발모제를 파는 세일즈맨이 고객에게 그 약의 효능에 대해 실컷 설명했다. 그러나 고객의 반응은 시큰둥했다.

"이 발모제는 신개발품입니다. 이 발모제를 바르면 틀림없이 머리카락이 새로 난다니까요."

"어디 한두 번 속아 봤어야지. 발모제라면 수백 번도 더 발라 봤단 말이오."

머리가 훌렁 벗겨진 신사가 여전히 믿지 못하겠다는 듯이 말했다. 그러자 세일즈맨은 가방 속에서 빗을 하나 꺼내면서 이렇게 말했다.

"덤으로 이 빗을 하나 더 드리겠습니다. 그리고 나중에 효과가 있어 한 병 더 구입하신다면 그때는 샴푸를 덤으로 드리지요."

그러자 신사는 빙그레 웃으면서 지갑에서 돈을 꺼내는 것이었다.

"당신의 그 유머 감각에 내가 졌소. 속는 셈치고 한 번 더 발라 보지."

비즈니스에 있어서 유머만큼 좋은 무기는 없다. 또한 유머식의 기상천외한 발상이 당신의 사업을 번창하게 할 수도 있다.

오늘날에는 집집마다 전기밥솥과 전기세탁기가 있다. 그런데 전기밥솥이나 전기세탁기가 처음 발명되어 시중에 나왔을 때는 거의 팔리지 않을 정도로 인기가 없었다. 가전제품 회사의 영업부에서는 그 따위 팔리지도 않을 물건을 만든 회사의 제품 개발팀에 핀잔까지 했다고 한다.

그러나 영업부에서는 색다른 영업 계획을 세웠다. 여태까지는 가정주부들을 상대로 광고를 했는데, 이번에는 남편들을 상대로 광고를 해 보자는 것이었다.

'빨래 때문에 매일 고생하는 아내에게 더없이 좋은 사랑의 선물, 전기세탁기!'

이렇게 광고를 하자 남편들은 앞 다투어 전기세탁기를 샀다. 아내에 대한 사랑 경쟁에서 질 수 없다는 듯이.

이러한 경우도 유머식 발상이다. 마음의 여유가 없으면 결코 나올 수 없는 발상이 아닌가. 이와 같이 비즈니스에서도 어떤 문제에 부딪치면 180도 다른 각도에서 검토해야 한다. 당연한 일을 당연하게만 생각해서는 돌파구를 찾을 수 없다.

유머도 마찬가지다. 이 사람이 이런 말을 했으니까 그 다음에는 저런 말이 나올 것이다. 이렇게 예측할 수 있는 내용이라면 흥미하고는 거리가 멀어진다. 듣는 사람의 예상을 갑자기 배반한 결과가 나오지 않으면 웃음을 유발할 수가 없다.

얼마 전 필자는 점심을 먹고 돌아오는 길에 지하철 입구에 한떼의 사람들이 모여 있는 것을 목격하고 호기심에 사람들의 어깨 너머로 들여다보았다. 한 장사꾼이 손수레에 손목시계를 잔뜩 갖다 놓고 파는 중이었다. 옛날에는 손목시계가 굉장한 귀중품이었으나, 요즘은 전자시계가 대량으로 생산되는 바람에 값도 많이 싸져서 그런 장사꾼을 종종 볼 수 있다.

그런데 시계를 파는 데 웬 사람이 이리 많이 모였나 싶었는데, 그 장사꾼의 말이 사람들의 발길을 잡아 두기에 충분할 정도로 재미있어서 나도 고개를 끄덕이지 않을 수 없었다. 배꼽을 잡을 정도로 우스운 말을 해대면서 상품을 선전하는 데, 그 중에 한 대목만 옮겨 보도록 하자.

"이 시계가 싸다고 해서 결코 제품에 문제가 있는 것은 아닙니다. 일분 일 초도 틀리지 않습니다. 방송국에서도 이 시계를 보고 '띠띠띠, 뚜…… 아홉 시 뉴스를 말씀드리겠습니다' 한다니까요. 자, 값도 싸고 디자인도 멋있고, 게다가 정확하기도 합니다. 그런데 딱 한 가지…… 손님 여러분께 자신 있게 권하지 못하는 사정이 있습니다."

이 대목에서 필자는 '옳지, 이제 뭔가 시계의 결함을 이야기하겠거니' 하고 여겼다. 그러나 장사꾼의 다음 말은 완전히 내 예상을 벗어나고 말았다.

"이 시계는 노랗게 보이기는 하지만 진짜 금이 아니라는 사실이죠. 단지 도금칠을 한 것뿐입니다. 그러니 시계를 가보로 보관하실 분들한테는 감히 권할 수가 없는 겁니다. 그런 분들은 다이아몬드가 박힌 롤

렉스를 구입하기를 권합니다."

이 얼마나 멋진 유머인가. 실용품과 귀중품을 구별하지 못하고, 또한 시계 따위를 통해 자신의 부유함을 뽐내고자 하는 사람들한테는 유머가 아니고 따끔한 충고가 되겠지만.

✤ 명랑한 분위기를 조성하는 유머

어느 직장에나 습관적으로 지각하는 사원이 있게 마련이다.

매일 5분 정도 지각하는 사원에게 부장이 말했다.

"이봐, 자넨 어째서 매일 출근이 늦는가?"

그러자 사원은 죄송하다며 머리를 꾸벅 숙이고 이렇게 말했다.

"그 대신에 퇴근을 5분 일찍 하지 않습니까?"

이런 유머 있는 애교로 어색한 분위기를 명랑하게 바꿀 수 있는 것이다. 또 다른 사원의 이야기이다. 이 사원은 지각할 때마다 버스가 고장이었다고 우겼다.

오늘도 지각을 하자 부장이 물었다.

"오늘도 또 지각인가?"

"미안합니다. 버스가……."

"자넨 맨날 고장 난 버스만 타는 모양인데, 내일부터는 고장 난 그 앞차를 타라고, 앞차 말이야!"

고장 난 그 앞차를 어떻게 구별하는지는 몰라도 이런 유머가 필요하다.

그저 무턱대고 지각한다고 윽박지르는 것보다 이렇게 부드럽게 주의를 주면 사무실의 분위기가 훨씬 명랑하지 않을까. 아침부터 인상을 쓰는 것보다 유머가 섞인 꾸중을 하게 되면 듣는 사람도 주위 동료들도 훨씬 부담을 덜 가질 것이다. 그러면서 꾸중에 대한 효과는 효과대로 거둘 수 있다.

이처럼 유머는 분위기를 한껏 명랑하게 해 준다.

단, 이런 유머를 구사할 때는 그때그때의 분위기를 잘 살필 줄 알아야 한다. 상대가 유머를 받아들일 기분이 아닌데 눈치 없이 이런 말을 했다가는 미운털이 박히기 십상인 것이다. 분위기를 살필 줄 아는 것, 그것이 유머의 센스이다.

착각을 웃음으로 바꾸는 유머

철학자 쇼펜하우어는 식도락가이면서 술을 매우 즐겼다. 어느 날 그는 귀족의 집에 저녁 초대를 받았다. 식탁 위에는 한 세트의 식기와 함께 온갖 크기의 글라스가 나란히 놓여 있었다. 이 철학자는 매우 만족하여 자기 앞의 접시를 모두 비우고 포만감을 만끽했다.

잠시 후 하인이 와인 병을 들고 왔다. 쇼펜하우어는 재빨리 작은 글라스를 내밀었다. 그러자 하인은 귀엣말로 쇼펜하우어의 실수를 정정하려 했다.

"큰 글라스를 드십시오. 작은 글라스는 디저트의 와인 글라스입니다."

그러나 쇼펜하우어는 역시 작은 소리로 이렇게 말했다.

"괜찮아, 괜찮아. 그냥 따라 주게. 큰 잔은 디저트의 와인이 나왔을 때 필요하니까 말이야."

착각이나 착오는 웃음을 유발한다. 우리가 코미디언의 행동을 보고 웃음을 터뜨리는 것도 그들의 착각이나 착오에 의한 행동이 너무도 엉뚱하기 때문이다.

'모던 타임스'란 영화에서 채플린의 연기는 많은 관객을 폭소 속으로 몰아 넣는다. 공장에서 나사를 돌리던 사람이 버스 안에서 연신 나사를 돌리는 흉내를 내느라고 앞 사람의 단추를 나사로 오인한다. 이것도 착오의 방법으로 사람들을 웃기게 만든 예이다.

긴장된 기분을 웃음으로 전환한다

불안과 긴장의 순간에는 누구나 기분을 전환시키려고 애쓰지만 쉽게 마음의 안정을 얻기는 힘들다. 두려움을 느끼는 것은 인간의 본성이다.

그런데 유머는 이런 상황을 잠시라도 잊게 해 주는 유일한 방법이다. 한 마디의 유머가 공포감을 씻게 해 주는 절대적인 효과를 나타내는 것이다.

하와이에서 일본 도쿄로 가는 비행기 안에서 생긴 일이다. 기내에는 미국인과 국제 결혼한 일본 여자와 그녀의 딸이 타고 있었다. 그 아이는 일곱 번째 생일을 맞아 일본에 있는 외갓집으로 간다고 했다. 그런데 태평양 상공을 날고 있을 때 갑자기 기장의 기내 방송이 들렸다.

"대단히 죄송합니다. 비행기의 제2엔진이 고장이 났으므로 부득이 하와이로 돌아가겠습니다."

비행기 안의 승객들은 모두 불안에 가득 찬 모습을 보였다. 더욱이 생일을 쇠러 가던 아이는 매우 안타까워했다. 왜냐하면 하와이로 되돌아가려면 날짜 변경선을 지나야 하는데, 그러면 생일이 없어져 버리기 때문이다. 그때 한 신사가 일어나더니 승객들을 둘러보며 이렇게 말했다.

"자, 꼬마의 생일이 없어질 테니 우리 모두 가엾은 꼬마를 위해 생일을 비행기 안에서 축하해 줍시다."

이렇게 되어 비행기 안에서 느닷없는 '해피 버스 데이 투 유'가 울려 퍼졌다. 모두들 불안을 잠시 잊은 듯 천진스런 표정의 꼬마를 위해 기꺼이 생일 축하 노래를 불렀다.

이런 분위기 덕분으로 잠시 비행기 고장에 대한 불안이 사라졌다.

그러자 그 신사가 또 일어서서 말했다.

"여러분, 제가 생각건대 비행기가 하와이로 되돌아가는 것은 엔진 고장 때문이 아닌 것 같습니다. 사실은 비행기의 기장이 설사를 만났나 봅니다. 기장으로서 미안하고 또 도쿄에 도착할 때까지는 도저히 참을 수 없을 것 같으니까 엔진 고장 핑계를 대고 되돌아가는 것 같습니다."

그렇지 않아도 꼬마의 생일 축하 때문에 긴장과 불안을 잊었던 승객들은 신사의 유머에 배를 잡고 폭소를 터뜨렸다. 이런 유머 덕분에 승객들은 별 동요 없이 무사히 하와이로 되돌아갈 수 있었다.

모든 불안·초조·긴장 등은 일단 그것을 밖으로 표출시켜 버리면 아무런 심적 부담을 주지 않는다.

06
상대의 기분을 살려 주는 화술

❖ **젊은 제자의 화술** | 공자가 제자들을 거느리고 여러 나라를 여행을 하다가 어느 동네에서 잠시 쉬게 되었다. 더위를 피해 나무 그늘에 앉아 있는데, 말들이 그만 남의 콩밭에 들어가 밭을 온통 엉망으로 망쳐 놓고 말았다.

화가 난 밭주인이 달려와 망쳐 놓은 콩값을 물어내라고 야단이었으나, 공자와 그 제자들에게 돈이 있을 리가 없었다. 제자인 자공이 나서서 농부에게 용서를 구해 보았으나 농부는 막무가내였다.

그때 가장 나이가 어린 제자가 공자 앞으로 나서서 자신이 농부를 달래 보겠노라고 자청했다. 제자들 가운데 가장 뛰어나다는 자공도 실패한 일을 어린 제자가 하겠다고 하니 다들 고개를 절레절레 저었다. 그런데 그 나이 어린 제자는 농부 앞에 나서더니 이렇게 말하는 것이었다.

"농부님의 밭은 정말로 넓습니다. 보아하니 저 동쪽 끝에서 서쪽 끝까지를 다 차지하고 있는 듯합니다. 그러니 저희들 말이 농부님의 콩밭 말고 어디 다른 사람의 밭에 들어갈 수 있겠습니까? 콩밭을 망쳐 놓은 것은 말놈들의 잘못이긴 하나, 더 큰 이유는 농부님의 밭이 너무 넓기 때문이 아닐는지요. 그러니 그 밭만큼 넓은 아량으로 이번 한 번만 용서해 주십시오."

 농부는 그 말을 듣더니 이내 표정을 바꾸면서 껄껄 웃었다.

 "젊은 사람이 앞서 왔던 사람보다 훨씬 예의바르니, 내 어찌 용서하지 않으리요."

분명한 초점과 적당한 템포

"어제가 일요일이었잖아. 백화점에 갔는데 세일 마지막 날이라서 그런지 사람들이 어찌나 많은지, 특히 가족끼리 온 쇼핑객들이 눈에 많이 띄더라고. 그런데 가만 보니, 아내들은 물건을 고르느라 정신이 없는데 남편들은 신세가 말이 아니었어. 다들 아이 한둘씩을 안은 채 땀을 뻘뻘 흘리면서 아내 뒤를 졸졸 따라다니지 뭐야. 백화점의 세일이란 손님을 끌기 위한 상술인가 봐. 나도 어제 치마를 한 벌 샀는데, 이 무늬랑 색깔은 어때? 그런데 세일이라면서 가격은 엄청나게 비싸더라고."

 남편들의 고달픔을 이야기하자는 건지, 백화점 세일의 문제점을 이야기하자는 건지, 아니면 자기가 산 치마 자랑을 하자는 건지 도통 감을 잡을 수 없는 이야기다. 이런 이야기는 듣는 사람도 갈피를 잡지 못해 어리둥절하다가 결국에는 짜증만 나게 된다.

 이와 같이 이야기를 하면서 초점이 무엇인지도 모를 내용을 늘어놓는 사람이 종종 있다. 상대에게 절대로 호감을 줄 수 없는 이야기만 늘어놓는 것이다.

이야기의 줄거리가 너무 길거나 상대방의 표정을 읽지 않을 때, 또한 자신의 이야기에 스스로 빠져들어가 버렸을 때 이와 같이 초점 없는 이야기가 나올 수 있다. 듣기 좋은 이야기는 초점이 분명해야 하고 적당한 템포를 가지고 있어야 한다. 그런 화술을 구사할 때 비로소 상대의 호감을 살 수 있다.

이야기의 초점을 분명히 하기 위해서는 내용과 관계 없는 화제를 끼워 넣지 말아야 한다. 여기저기서 마구잡이로 화제를 끌어들이면 상대는 곧 지쳐 버리고 만다.

또한 이야기하는 템포도 중요하다. 적당한 템포라야 상대도 긴장을 풀지 않고 이야기 속으로 따라오는 것이다. 젊은 사람들은 나이 많은 사람들과 이야기하는 것은 따분해서 싫다고 한다. 그것도 서로의 템포가 맞지 않기 때문이다.

대화란 언제나 상대가 있게 마련이다. 상대의 표정이나 태도를 염두에 두고 싫증을 내지 않도록 요령 있는 대화를 할 수 있어야 한다.

말허리를 자르지 마라

열심히 이야기하고 있는 상대의 기분을 무시하는 행동을 하지 말아야 한다. 특히 상대의 말허리를 자르는 것은 상대로 하여금 이야기할 기분을 싹 가시게 한다.

상대의 말허리를 자르는 경우를 살펴보면,

- 그 화제에 대해 당신도 이미 알고 있는 경우
- 말하는 사람의 표현이 틀린 경우

• 숫자나 이름 등 사소한 것을 상대가 잘못 말했을 경우

등이다.

"그게 아니야, 그 사건이 일어난 해는 1980년이 아니고 81년이었어."

"아니지, 자네가 잘못 알고 있어. 그건 이러이러하다고."

사소한 문제로 이렇게 꼬투리를 잡아 말허리를 끊어 버리면 상대는 더 이상 입을 열지 않게 된다. 이야기하고 싶다는 마음을 싹 가시게 하는 것이다.

그리고 상대는 당신에게 결코 좋은 감정을 갖지 않을 것이다. 비록 자신의 말에 실수가 있었다고 하더라도 당신에게 호감을 가질 수는 없는 것이다. 상대가 이야기하는 도중에 정정하거나 꼬투리를 잡아 이야기의 흐름을 깨뜨리지 않도록 하라. 비록 상대보다 더 많이, 더 정확히 알고 있더라도 꾹 참는 것이 예의이며, 당신에 대한 상대의 감정을 좋게 하는 길이다.

꼭 필요하다면 상대의 이야기가 다 끝난 후에 자연스럽게 상대의 실수를 지적해 주면 된다. 그렇게 함으로써 화제는 한층 더 충실해져 다음으로 진전될 수 있고, 당신의 이미지도 제고될 것이다.

자기 자랑을 하지 않는다

대원군이 섭정을 하던 시절, 청나라에서 온 사신이 서울 구경을 나서게 되었다.

청나라의 사신은 먼저 경복궁을 둘러보고 나서 역관에게 물었다.

"이 궁궐을 짓는 데 몇 년이나 걸렸소?"

"글쎄요, 확실히는 모르겠습니다만 한 삼 년 걸렸을 걸요."

"삼 년이라! 우리 중국에서는 이런 건물쯤이야 일 년이면 지을 텐데."

이번에는 다시 창덕궁을 둘러보고 물었다.

"이 궁궐은 이름이 뭐요?"

"창덕궁이라 하오."

"창덕궁이라, 이건 짓는 데 몇 년이나 걸렸소?"

"글쎄, 한 이 년 정도 걸린 걸로 알고 있습니다."

"이까짓 걸 가지고 이 년씩이라니, 우리 중국에서는 반 년이면 족할 텐데."

이렇게 가는 족족 자기네 나라에 빗대어 자랑을 하니 역관도 비위가 상하지 않을 수가 없었다.

이윽고 청나라의 사신은 숭례문을 둘러보고 물었다.

"이건 짓는 데 얼마나 걸렸소?"

역관은 시치미를 뚝 떼고 능청스럽게 대답했다.

"글쎄 올시다. 어제 아침에는 분명 여기에 아무것도 없었는데."

청나라 사신의 자기 나라 자랑이 지나치다 보니까 역관이 보기 좋게 한 방 먹인 것이다. 이 청나라 사신처럼 무조건 자기 자랑만 하는 사람이 우리들 주변에는 의외로 많다.

처음 만난 사람에게 자기 자랑을 늘어놓으면 저절로 얼굴이 찌푸려지고, 그 사람에 대한 인상이 좋지 않게 박힌다. 세상이 아무리 자기

PR 시대라고 하지만, 지나친 자기 자랑은 역효과를 가져오지 않을 수 없다. 자신이 유명 인사를 많이 알고 있다는 것조차도 자랑거리로 내세우는 사람이 있다. 그런가 하면 시시콜콜한 가정 생활, 특히 아내나 아이들 자랑까지 시도 때도 없이 늘어놓는 사람도 있다. 정말이지, 그런 사람은 호감을 받지 못한다.

이야기를 끝내고 돌아서면 상대는 '어이고, 저런 팔불출! 하고 경멸한다. 겸양이 미덕이라는 말도 있다. 자기 자랑 대신 상대를 치켜세우는 화술을 구사하라. 그러다 보면 결국은 상대의 입을 통해서 당신이 치켜세워질 것이다.

술집에서 가장 인기가 없는 사람이 외상 긋는 사람과 자기 자랑 늘어놓는 사람이라고 한다. 자기 자랑은 화제로써는 적절하지 않은 것이다. 대화의 묘미는 두 사람의 공통된 화제를 찾았을 때 생겨나는데, 자기 자랑은 결코 공통된 화제가 될 수 없다.

✚ 호의를 가지고 이야기한다

선입관을 가지고 상대를 만나는 것은 금물이다. 그 누구를 만나더라도 처음부터 호의를 가지고 만나야 한다.

특히 소개를 통해 누군가 첫 대면을 할 때는 더욱 그렇다.
"그 사람은 신경질적이라고 소문나 있으니까 어려울 거야."
"신경질적이면서도 한편으로는 꼼꼼한 사람이니까 조심하라고."
첫 대면을 하기 전부터 당신은 이런저런 정보를 전해 듣게 된다. 그러면 이러한 것들이 선입관이 되어 상대를 만나기도 전에 그 사람에 대해 나름대로의 견해를 정해 버리게 된다.

사전에 상대에 대해 알려는 노력은 필요하지만, 그것이 선입관으로 고정되는 잘못은 피해야 한다. 다른 사람을 대할 때에는 언제나 좋은 의미로써 솔직한 심정으로 대하는 것이 좋다. 거기에 상대에 대한 호의까지도 얹어서 이야기를 나누도록 하라. 그러면 그 호의가 어느새 상대에게 전달될 것이다.

◆ 칭찬은 상대를 기분 좋게 한다

"칭찬이라는 것은 배워야 할 예술이다."

『독일인의 사랑』을 쓴 막스 뮐러의 말이다. 그는 칭찬을 사회의 여러 제약과 곤경을 허물어뜨리는 예술적 행위라고 보았던 것이다.

사람이라면 누구나 칭찬을 듣기 좋아한다. 칭찬을 듣게 되면 자아 의식이 자극되기 때문에 기분이 좋아진다. 자아 의식이 강한 사람일수록 칭찬에 약한 것은 그 때문이다.

그러므로 비록 아첨하는 느낌이 들더라도 칭찬을 계속하면 효과가 크다. 가령 여성에게 아름답다고 칭찬하면, 그것이 빈말인 줄 알면서도 듣는 사람은 기분이 좋아지는 것이다.

인간은 칭찬의 말을 들으면 감정의 동요를 일으켜 과잉 칭찬인지 비양거림인지의 여부를 가리지 않고 자아 의식의 만족감 때문에 좋아하게 된다.

영국 속담에 '바보라도 칭찬을 해 주면 유용하게 쓸 수 있다'는 말이 있다. 칭찬의 말은 상대의 기분을 북돋아 줄 뿐 아니라 능동적으로 더욱 잘 해 보고자 하는 용기를 키워 준다.

한 마디의 힐책보다는 한 마디의 찬사가 상대를 훨씬 부드럽게 해 주는 것이다.

돌려서 하는 칭찬이 더 효과적이다

직접적으로 얼굴을 마주 대한 자리에서 칭찬의 말을 들으면 누구나 쑥스러운 마음이 생긴다. 따라서 상대를 직접 칭찬하기보다는 빙 둘러서 칭찬하는 요령을 알아 두는 것도 매우 효과적이다.

할리우드에 사는 어느 변호사의 젊은 부인은 영화배우 잉그리드 버그만과 친구 사이였다. 버그만이 세금으로 골치를 앓고 있자 변호사의 젊은 부인은 그녀를 남편의 사무실로 데려갔다.

세무 상담을 마치고 두 여자가 돌아간 뒤에 변호사는 조수에게 넌지시 물었다.

"여보게, 지금 내 와이프가 데리고 온 사람이 누군지 알겠나?"

그러자 조수는 잠시 멈칫 하다가 되물었다.

"모릅니다. 대체 누굽니까?"

"바로 그 유명한 잉그리드 버그만이야."

"그래요? 그런데 두 여자분 가운데 어느 쪽이 버그만이었습니까?"

그러자 변호사는 기분 좋은 웃음을 터뜨리면서 이렇게 말하는 것이었다.

"여보게, 자네는 정말 훌륭한 재능을 가지고 있군. 사람을 기분 좋게 만드는 그 재능 하나로 자네는 틀림없이 성공할 걸세."

할리우드에 사는 그 조수가 잉그리드 버그만의 얼굴을 몰랐을 리는 없다. 그런데도 변호사의 부인과 혼동한 척한 것은, 변호사 부인의 미모를 칭찬하면서 변호사의 기분을 좋게 만든 화술이었다.

이렇게 에둘러서 칭찬하면 상대를 움직여 자기편으로 만들 수 있는 것이다. 그런가 하면 상대가 가장 소중히 여기는 제3자를 들어 칭찬하는 것도 활용해 볼 만한 테크닉이다.

'그 사람을 알려면 먼저 그 친구를 보라'는 말이 있다. 이 말을 바꾸어 놓으면, '그 사람을 칭찬하려면 먼저 그 친구를 칭찬하라'는 것과 같다.

누구에게나 친구는 있다. 훌륭한 친구를 가진 사람은 그것을 자부심으로 느낀다. 특히 이러한 심리는 친구가 이성일 때 더 강하다.

"자네, 어제 같이 점심 먹은 여자가 누구지? 참 예쁜 미인이더군. 발랄하면서도 매력적으로 보이더란 말야."

이렇게 칭찬해 주면 상대는 우쭐해할 것이다.

그러나 반대로 이렇게 말해 보라. 상대는 당신을 금방이라도 잡아먹을 듯이 대하지 않을까.

"자네하고 어제 같이 있던 여자가 대체 누구야? 별로 미인도 아니면서 도도한 척만 하더군."

친구가 모욕을 당하면 곧 자기 자신이 모욕을 당한 것처럼 불쾌감을 느끼는 것이 우리의 공통적인 정서이다.

상대를 존중해 준다

박상길이라는 나이 지긋한 사람이 장터에서 푸줏간을 하고 있었다.

하루는 양반 두 사람이 고기를 사러 왔다. 먼저 온 양반이 거드름을 잔뜩 피우면서 말했다.

"이놈, 상길아. 고기 한 근 다오."

"네, 그러지요."

박상길은 솜씨 좋게 고기를 베어 주었다.

곧이어 들어온 또 다른 양반은 상대가 비록 천한 신분이긴 하지만 나이가 지긋하니 함부로 말을 하기가 거북했다.

"박 서방, 여기 고기 한 근 주시게."

박상길이 기분 좋게 대답하고는 선뜻 고기를 잘라 주는데, 먼저 고기를 산 양반이 보니 자기가 받은 고기보다 갑절은 되어 보였다. 화가 난 그 양반이 소리를 지르며 따졌다.

"이놈아, 같은 한 근인데 어째서 이 사람 것은 크고 내 것은 이것밖에 안 되느냐?"

그러자 박상길은 능청스럽게 대답했다.

"네, 그야 손님 고기는 상길이가 자른 것이고, 이 어른 고기는 박 서방이 잘랐으니 다를 수밖에요."

이 이야기와 같은 경우는 우리 주위에서 얼마든지 흔히 볼 수 있다.

"이봐, 차 한 잔 갖다 줘!"

가정에서 남편이 아내에게 흔히 하는 말이다. 가정에서도 아내를 무시하는 듯이 이런 말투를 꺼내서는 하물며 안 되는 일인데, 직장에서 동료나 부하 직원한테 이런 식으로 부탁의 말을 하는 사람도 있다. 이렇듯 거만한 말투는 상대로 하여금 원한만 사게 한다.

다른 사람에게 뭔가를 부탁할 때는 되도록 정중한 태도를 유지하는 것이 필수적이다.

"죄송합니다만 자재부에 이 서류를 좀 전달해 주실 수 없겠습니까?"

"수고스럽지만 오늘까지는 그 서류를 끝마쳐 주십시오."

"실례입니다만 몇 가지 앙케이트 조사에 응해 주시기 바랍니다."

이와 같이 '죄송합니다만', '수고스럽지만', '실례입니다만' 등의 말을 사용함으로써 상대의 기분을 좋게 할 수 있다. 이런 부탁을 들으면 상대는 흔쾌히 받아들여 주는 것이다.

왜 이러한 말이 효과를 가져오는 것일까.

사람은 감정의 동물이라고 한다. 자존심·허영심·수치심·질투심·욕심 등 여러 가지 감정이 마음속에 자리 잡고 있다. 더구나 그러한 감정이 한 번 분출하면 그것은 이성을 넘어서 한 개인을 지배하는 힘을 갖는다.

그러므로 상대에게 자신의 의지를 전달하고, 자신의 부탁대로 움직이도록 하기 위해서는 이러한 인간의 본성을 잘 간파하는 것이 중요하다. 특히 상대의 자존심을 지켜 주는 말이 무엇보다도 중요하다. 상대의 자존심을 지켜 주기 위해서는 이야기의 밑바닥에 상대에 대한 존중을 깔고 있어야 한다.

 '아, 이 사람이 나를 이만큼 존중해 주는구나' 하는 생각을 가지고 상대는 당신의 이야기에 기분 좋게 귀를 기울일 것이다.

감각적인 언어로 상대의 감성에 접촉한다

프랑스 파리의 미라보 다리 위에서 한 장님 걸인이 구걸을 하고 있었다. 그 걸인의 목에는 다음과 같은 글귀가 적힌 푯말이 걸려 있었다.

 '저는 태어날 때부터 장님입니다.'

 어느 날 한 사람이 그 곁을 지나다가 걸음을 멈추고 걸인에게 물었다.

 "이렇게 하루종일 있으면 얼마나 구걸하시오?"

 장님 걸인은 침통한 목소리로 겨우 10프랑 정도밖에 되지 않는다고 대답했다. 그러자 행인은 고개를 끄덕이고는 걸인의 목에 걸려 있던 푯말을 뒤집어 거기에다 다른 말을 적어 놓았다.

 약 한 달 후, 다리 위에 행인이 다시 나타났다. 행인은 지난번처럼 하루종일 구걸하는 액수가 얼마나 되느냐고 물었다. 목소리를 알아들은 장님 걸인은 행인의 손을 잡고 감격해하며 물었다.

 "참으로 고맙습니다. 선생님께서 다녀가신 뒤로는 하루 수입이 50프랑까지 올랐습니다. 대체 무슨 이유인지 모르겠습니다. 푯말에다가 뭐라고 써 놓았길래 이런 놀라운 일이 생기는 겁니까?"

 그러자 행인은 빙그레 웃으면서 대답했다.

 "별일 아닙니다. 원래 당신의 푯말에는 '저는 태어날 때부터 장님입니다'라고 씌어 있더군요. 저는 그 글귀를 약간 다르게 고쳐 썼을 뿐입니다. '봄은 오건만 저는 그 봄을 볼 수 없습니다'라고요."

이 일화는 우리가 쓰는 말 한 마디에 따라 얼마든지 다른 결과가 생길 수 있다는 사실을 이야기해 준다.

'태어날 때부터 장님'이라는 말은 무미건조해서 사람들에게 아무런 감동도 줄 수 없다. 그런데 같은 의미지만 거기에 좀 더 아름다운 상상의 날개를 달아 줌으로써 사람들의 동정심을 자극할 수 있었던 것이다. 아름답고 감각적인 언어를 사용하는 것은 상대를 감동시키고 기분 좋게 한다. 특히 젊은 사람들 사이에서는 감각적인 언어가 더욱 효과를 발휘한다.

대화의 묘미란 자신의 감각을 상대의 감각에 접촉시켜 전달하는 데 있다. 감각이 예민한 젊은층의 사람들이 감각을 자극시키는 감각어에 약하듯 감각어를 적절히 구사할 줄 아는 사람은 대화에 성공할 수 있다. 감각어는 이성에 호소하는 것이 아니라 감성의 심리를 자극하는 말이다. 다정한 연인 관계에 있는 사이라면 말 한 마디 한 마디에 정이 가득 담겨 있어야 할 것이다.

상투적인 말보다는 감각적인 말이 상대를 기분 좋게 하고 마음을 붙들어 둔다는 것을 명심하자.

07
여성을 사로잡는 화술

✦ 여신 헤라의 질투

제우스는 만능한 정의의 신이지만 바람기가 있어서 신의 신분이면서도 인간계의 여성들과 스캔들이 끊이지 않았다. 이 때문에 제우스의 아내인 여신 헤라는 항상 제우스의 행동에 불만을 품고 반항적인 태도로 나왔다.

그러나 그녀는 남편인 제우스에게 직접 화풀이를 하지 않고, 스캔들의 상대 여성을 혼내 주곤 했다.

한 번은 이오라는 아름다운 아가씨가 제우스의 사랑을 받자 헤라는 그녀를 소로 둔갑시켜 눈이 백 개나 달린 거인에게 밤낮으로 감시토록 하여 못 살게 굴었다. 보다 못한 제우스가 책략을 써서 거인을 죽이자 이번에는 쇠파리를 풀어서 어디를 가든 쫓아다니며 못 살게 굴도록 만들었다.

헤라의 이 끈질긴 복수에 제우스는 두 번 다시 이오를 만나지 않겠다고 빌어 겨우 이오를 원래 상태로 바꾸었다.

또 다른 아름다운 여자 역시 헤라의 질투로 미움을 샀다. 헤라는 그녀를 곰으로 변하게 했는데, 마침 그때 그녀의 아들이 사냥터에서 자기 어머니인 줄도 모르고 창으로 찌르려고 했다. 이를 보고 제우스가 불쌍히 여겨 모자를 하늘로 올려 별을 만들었는데, 이것이 큰곰 자리와 작은 곰 자리이다.

또한 헤라는 제우스가 항상 잘 어울려 노는 님프들이 있는 곳으로 제우스를 찾아갔다. 무서운 헤라가 나타나자 에코라는 님프 아가씨가 자신의 장기인 말솜씨로 헤라를 붙들고 있는 동안 다른 아가씨들을 도망치게 했다.

이를 안 헤라는 그 벌로 에코의 입을 막고 대답하는 일에만 사용하도록 했다. 메아리를 영어로 에코라고 하는 것은 여기서 연유된 것이다.

먼저 여성의 심리를 파악하라

여성을 상대로 하는 인간관계는 나름대로의 특수성을 감안해야 한다. 이성보다는 감정이 앞서고, 논리적이기보다는 정서적인 경향이 강하기 때문에 여성과의 대화는 그만큼 까다롭다.

그러나 여성의 사회 진출이 날이 갈수록 활발해지고 그만큼 여성을 상대로 한 대화나 사업이 확대되고 있다. 여성과의 화술에 능해지기 위해서는 먼저 여성의 심리 상태를 연구해야 한다.

어떤 남성은 여성과의 대화에 영 자신이 없다고 한다. 괜히 죄를 지은 것도 없이 떨리기만 하고 긴장된다는 것이다.

그러나 알고 보면 여성을 상대로 한 대화만큼 쉽고 단순한 것도 없다. 일반적으로 나타나는 여성의 심리 상태를 알고 그에 따라 적절히 대응만 하면 되는 것이니까.

여성의 심리 상태를 먼저 연구하라. 이것이 여성과의 대화를 능숙하게 이끌어 가기 위한 전제 조건이다.

여자는 질투에 강하다

여신 헤라에게서 볼 수 있듯이 일반적으로 여성은 질투가 많다. 그렇다면 질투란 무엇일까. 질투란 심리학적으로 자기의 소유물을 누군가에게 침해받는 것은 아닐까 하는 불안이나 공포에서 일어나는 감정이다. 그래서 러셀은 '질투는 일종의 열등감이다'라고 했다.

그러나 질투란 여성만의 전유물은 아니며 남자에게도 있다. 다만 남자의 질투와 여자의 질투에는 차이가 있을 뿐이다.

남자의 경우는 학력이나 경험, 능력 등의 여러 조건에 의해 저절로 사회적 지위가 구별되기 때문에 자신의 실력에 비해 얼토당토 않은 상대까지 질투하는 경우는 드물다. 그렇기 때문에 남자의 질투 상대는 입사 동기나 같은 목표를 향해 정진하고 있는 동료에게 한정되어 있다.

한편 여자는 자기 이외의 모든 여자가 질투의 대상이 된다. 여자의 능력 차이는 확실하게 구별되지 않는다.

요즘은 능력을 발휘하면서 사회 활동을 하는 여성도 많아졌지만, 그래도 아직까지는 여성들 대부분이 자주적이라기보다는 남자의 활동에 의존하는 편이다. 가장의 절대적인 보호가 필요한 것이다.

그런데 이 '보호의 손'을 빼앗는 것은 자신과 별 차이가 없는 자기 이외의 여성인 경우가 대부분이다. 그래서 여성은 자기가 사랑하는 소유물을 빼앗기지 않으려고 질투를 불태우는 것이다.

여성의 질투는 장미의 가시와 같다는 말도 그래서 나온 듯하다.

❖ 타인의 평가를 곧이곧대로 믿는다

"대단히 아름다운 여자나 못생긴 여자를 칭찬할 때는 그녀의 지성을 칭찬하라. 그러나 평범한 여자는 그녀의 미모를 칭찬하라. 아름다운 여자는 아름답다고 말할 필요가 없으며, 못생긴 여자는 아름답다고 칭찬해도 믿지 않는다. 그러나 그 중간인 평범한 여자는 미모에 대해 칭찬받는 것을 좋아한다."

이것은 여성의 심리를 놀랄 만큼 잘 간파한 말이다.

어느 화장품 회사에서 20대의 여사원을 대상으로 앙케이트 조사를 했다. '자기의 용모에 대해 어떻게 생각하고 있는가?' 라는 질문에 67퍼센트의 여성이 '보통' 이라고 대답했다. 또 '자기의 얼굴에서 특히 매력적인 부분은 어디인가?' 라는 질문에 34퍼센트가 '눈' 이라고 대답하고 16.8퍼센트는 '입' 이라고 대답하는 등 전체의 73.5퍼센트가 스스로 매력적인 부분을 가지고 있다고 대답했다.

그런데 다시 면접을 해 본 결과 앙케이트에 나타난 숫자는 믿을 만한 것이 못 된다는 사실이 드러났다. 왜냐하면 '보통' 이라고 답한 여사원의 대부분이 자기 자신의 용모에 대해서 확실한 평가를 내린 답이 아니었기 때문이다. 또 자기의 매력적인 부분을 든 근거 역시 회사 동료나 가족 또는 애인이 우연히 한 말 때문이라는 것이다.

"너는 눈이 특히 예뻐."

이런 말을 듣고 자기도 모르게 그런가 보다 하고 생각해서 대답한 것이라고 했다. 이러한 여성들은 자기는 마음속으로 입술이 마음에 들어도, 누군가가 눈이 예쁘다고 찬사를 보내면 그때까지의 자기 평가를 순간적으로 바꾸어 버리는 것이다.

"그래, 맞아. 나는 눈이 예뻐. 100퍼센트까지는 아니더라도 이 사람 말은 80퍼센트 정도는 진실임에 틀림없어."

중간 정도의 미모를 지닌 여성들은 자기의 용모에 대해 뚜렷한 자기 평가를 내릴 수가 없기 때문에 타인의 평가에 따라 마음이 변하는 것이다.

용모뿐 아니라 자기의 성격이나 능력에 대해서도 여성은 자기 평가를 제대로 못 하고 타인의 평가를 근거로 생각하는 경향이 심하다. 타인의 평가가 올바른 평가일 경우는 별 문제가 없으나, 그것이 근거 없는 아첨이나 농담이라면 엉뚱한 결과를 초래할 수도 있다.

✤ 귀로 듣고 눈으로 확인하고 싶어한다

"자기, 나 사랑해? 그런데 왜 사랑한다는 말을 안 해?"

"나를 그토록 사랑한다면 증거를 보여 봐."

이런 식으로 여성은 항상 확인하기를 원한다. 대부분의 여성은 눈에 보이는 구체적인 증거가 없으면 견디지 못하는 성미인 것이다.

어느 여성은 맞선을 보고 결혼을 약속한 남성이 데이트할 때 손 한 번 잡아 주지 않을 뿐 아니라 사랑의 표현에 인색하다는 이유로 헤어지고 말았다고 한다.

"무슨 남자가 사랑하는 여자를 보고도 가만히 있을 수가 있어요. 그건 사랑하지 않든가 아니면 남자에게 무슨 이상이 있는 것 아니겠어요?"

그뿐만이 아니다. 정성스럽게 만든 요리를 남편이 아무 말도 없이 먹으면 곧장 확인해 보는 것이 아내의 심리이다.

"여보, 맛이 어때요? 맛있지 않아요?"

머리 스타일을 바꾸거나 새 옷을 입었을 때도 남편이 한 마디 말해 주지 않으면 서운해한다. 일일이 확인하지 않으면 뭔가 허전하기 때문이다. 오랫동안 같이 살아 온 부부이니 일일이 말하지 않아도 통하리라고 생각하는 것은 남성의 착각이다. 여성은 확고한 말이나 태도로 그 기분이 전해지지 않으면 결코 만족할 수 없는 것이다.

미국의 한 여성이 이혼 청구를 하면서 그 이유를 다음과 같이 말했다.

"남편은 나를 인격적으로 무시합니다. 몇 십 년을 두고 함께 고생하면서 사는 데도 '당신이 열심히 내조를 잘 해 주고 있기 때문에 나도 밖에서 안심하고 일할 수 있다오' 라든가, '당신에게 감사하고 있어요' 라는 말을 한 적이 없답니다."

이것이 이혼을 요구하는 그 여자의 유일한 이유이다. 남편 쪽에서 보면 다만 입 밖에 내지 않았을 뿐 무언의 감사를 하고 있었는데, 그것이 아내에게 전달되지 않았던 것이다. 그래서 서양 사람들은 '사랑해!' 라는 말을 늘 입에 달고 사는 모양이다.

✢ 비밀과 여성 심리

어떤 여성에게 나이를 물어보자.

"실례지만 지금 몇 살이십니까?"

그러면 상대방 여성은 십중팔구 당황한 표정을 짓거나 말하기 곤란하다는 태도를 짓는다. 혹은 모나리자의 미소만큼이나 애매한 미소를 지으면서 이렇게 되묻는다.

"몇 살로 보이세요?"

그것도 아니면 좀 당돌하게 '선생님 상상에 맡기겠어요'라고 대꾸하기도 한다.

여성의 이런 태도는 여성 심리를 파악하는 데 귀중한 단서가 된다.

여성은 자신을 보다 젊고 발랄하게 보이기 위해서 나이를 숨기는 경우가 있다. 여성에게 있어서 젊음이라고 하는 것은 확실히 그 무엇과도 바꿀 수 없는 소중한 가치이다.

그러나 여성이 나이를 숨기고자 하는 더 큰 이유는 비밀을 간직하고 싶은 본능 때문이다. 비밀을 간직함으로써 자신을 보다 신비스럽게 보이려고 하는 것이다. 그리고 그렇게 함으로써 좀 더 큰 관심을 끌고자 하는 행동이라고 보아야 할 것이다.

남성은 미지의 것, 신비스러운 것에 대한 도전 의욕이 강하다. 도전해서 그 정체를 캐내려고 하는 것이 남성의 심리이다. 본능적으로 이런 남성의 심리를 잘 알고 있는 여성은 자신의 나이뿐만 아니라 신변에 관한 그 모든 것을 비밀로 만들어 울타리를 둘러 놓는 것이다.

그런가 하면 여성에게는 비밀을 공유함으로써 동료 의식을 강화하려는 심리도 있다.

비밀로 인해 여성들 사이에는 미묘한 동료 의식이 싹틀 수 있다. 당사자 이외에 타인은 전혀 모르는 비밀을 서로가 안다고 하는 연대 의식이 두 사람을 대단한 유대 관계로 묶어 놓는 것이다.

한 여성이 다른 친구에게 자기만의 비밀 이야기를 털어놓고 이렇게 신신당부한다.

"절대 남한테 말해서는 안 돼. 이건 절대 비밀이야."

그러면 이 두 여성 사이에는 비밀을 공유함으로써 비롯된 연대 의식이 생긴 것이다.

"이 비밀을 알고 있는 사람은 이 세상에서 우리 둘뿐이야."

이런 생각은 두 사람을 보다 밀접하게 연결시켜 주는 것이다. 실제로 이런 비밀 공유는 서로의 신뢰를 확인시켜 준다. 여성의 우정은 오래 지속되지 않기 때문에 언제나 이러한 행동에 의해 서로의 동료 의식을 확인하지 않으면 안 되는 것이다.

그런데 여성들 대부분은 이 사람은 내 동지다 하는 나름대로의 인식이 생기면 그 사람에게는 어떤 중요한 정보라도 누설해 버린다.

이것은 또 어떻게 해서든지 동료가 되고 싶은 사람에게 중요한 비밀을 가르쳐 줌으로써 자기편으로 끌어들이려는 계산이 작용한 결과이다. 극단적으로 말한다면 여성에게 입 밖에 내어서는 안 된다는 비밀을 말할 때는 그 여성의 또 다른 동료에게 전해질 수도 있다는 사실을 예상하지 않으면 안 된다. 아무리 중요한 비밀이라도 여성들에게는 동료 의식의 확인이나 강화를 위한 재료밖에는 안 되기 때문이다.

유행과 여성 심리

유행과 관련하여 한 여성 잡지에 다음과 같은 글이 실린 적이 있었다.

> 미니 스커트의 대유행 속에서 결코 유행에 휩쓸리지 않겠노라고 긴 스커트를 입었는데, 친구들이 보기 싫다는 것이다. 또한 짧은 치마 속에서 긴 치마가 도리어 눈에 잘 띄는 바람에 여간 곤란하지가 않았다. 그래서 마침내 결심을 바꾸어 스커트의 자락을 모두 잘라 짧게 만들었다. 그랬더니 이번에는 긴 스커트가 유행이라고 한다. 한 번 자른 스커트를 이어 붙일 수도 없고, 그렇다고 새로 맞출 수도 없고 유행이란 것이 그렇게 원망스러울 수가 없었다.

여성은 왜 이렇게 유행에 민감할까.

원시 시대의 씨족 사회에서는 공동체 생활로부터 이탈하는 것은 곧 생사가 걸린 문제였다. 공동체 속에 있으면 그런 대로 안전한데, 만약 밖으로 나오면 목숨을 부지하는 데에도 대단한 노력이 필요했다.

그런 사회에서 가장 편안하게 살아가기 위해서는 열심히 주변과 보조를 맞추면서 자기 자신을 눈에 띄지 않도록 할 필요가 있었다. 자기 자신을 두드러지게 하는 것은 생각지도 않은 위험에 노출시키는 행위였다. 따라서 되도록 다른 사람들이 사는 방식대로 조용히 따라가는 것이 상책이었다.

　주체성을 갖지 않고 타인의 보조에 자기의 발을 갖다 맞추는 이런 행위를 흔히 동조한다고 하는데, 그 시대의 동조는 신변의 안전을 지키기 위한 자기 방어 수단이었다.

　여성이 유행을 열심히 좇는 것도 이 자기 방어 본능에서 비롯되는 동조 현상이다. 유행과 거리가 멀어서 유행에 뒤떨어지면 남의 웃음거리가 된다거나 반대로 유행을 앞서 감으로써 이단자 취급을 받는 것은 불안하다. 그래서 항상 다른 사람과 똑같이 행동하여 자신이 눈에 띄지 않도록 처신한다. 바로 이것이 유행에 열심히 따르는 여성들의 심리이다.

　물건을 살 때 종업원이,

　"이게 바로 요즘 유행하는 제품이에요."

라고만 해도 금방 동요하여 선뜻 물건 값을 지불하는 것도 이런 심리에서 오는 여파이다.

　이상으로 여성의 일반적인 심리에 대해 알아보았다. 이러한 심리 상태를 잘 알고 여성과의 대화에 나서면 이야기가 한결 잘 풀릴 것이다.

　알다가도 모를 것이 여자의 마음이라고 했다. 그러나 여성과의 대화에 성공하기 위해서는 여성의 마음을 반드시 알아 두어야 한다. 갈수록 여성의 파워는 강해지고 있다. 오늘날 여성을 상대하지 않는 비즈니스란 상상조차도 할 수 없다. 눈에 띄게 많아진 여성의 사회 진출, 게다가 소비 경제권도 대부분 여성이 쥐고 있다는 사실을 생각할 때 여성 상대의 화술은 무엇보다도 중요하다.

그렇다면 지금부터 여성을 설득하는 화술을 구체적으로 알아보자.

칭찬은 마음의 문을 열어 준다

여성은 대체로 칭찬에 약하다. 칭찬에 약한 것은 여성 특유의 심리라고 할 수 있다.

물론 남성도 칭찬을 받으면 기분이 좋아지고 칭찬해 주는 상대를 호감으로 대하게 마련이다. 하지만 여성에게는 이런 경향이 특히 강하다고 할 수 있다.

그런데 문제는 칭찬을 하되 어떻게 하느냐가 중요하다. 칭찬은 잘 하면 여성을 기분 좋게 만들지만, 반대로 칭찬을 잘 못하게 되면 아첨으로 받아들여져서 도리어 기분 나쁜 감정을 갖게 되는 경우도 있다.

어제는 눈이 아름답다고 칭찬했는데 오늘은 각선미가 아름답다고 칭찬한다든가, 어제는 얌전하고 순진해서 좋다고 했다가 오늘은 명랑하고 쾌활해서 마음에 든다고 하면 어떤 여성이라도 그 찬사에 신뢰를 갖지 못할 것이다.

"뭐 이런 사람이 다 있어. 혹시 무슨 꿍꿍이속이 있는 건 아닐까?"

이런 의심을 사서 오히려 엉뚱한 오해를 받을지도 모른다.

따라서 칭찬을 하려면 그 여성의 장점 가운데 하나를 찾아 포인트를 맞추는 것이 좋다. 그리고 칭찬을 할 때는 그 표현 방법에 유의해야 한다. 고리타분한 말로 칭찬을 해 봤자 그 효과는 기대하기 어렵다.

"당신의 출렁이는 머릿결을 보고 있으면 물결 치는 바다가 생각난단 말야."

"당신의 눈이 늘 아름답다고 생각하고 있었지만, 오늘 보니까 정말 진주처럼 영롱하군요."

"당신한테서는 과수원에 들어갔을 때 느낄 수 있는 향내가 느껴져요."

이런 식으로 멋들어지게 표현하면 그녀는 진심으로 기뻐할 것이다.

여성은 자신에 대해 사소한 것까지 기억해 주는 상대에게 강한 신뢰감을 갖는다. 절대로 기억하고 있을 리가 없다고 굳게 믿고 있었는데, 상대가 자신에 대해 기억하고 있으면 그만큼 고맙고 기쁜 것이다.

✚ 여성다움을 칭찬한다

활동성이 강하고 억척 같은 여성들에게도 여성답다는 말을 아끼지 말아야 한다.

한 회사에 무척 일을 잘 하는 여직원이 있었다. 그렇게 일을 잘 하니 사장은 어느 날 전 직원이 있는 자리에서 그 여직원을 칭찬했다.

"김 양은 여직원답지 않게 남자 직원들보다 훨씬 일을 잘 한단 말이야."

그런데 얼마 후 그 여직원이 사표를 내었다. 사장이 이유를 물어도 대답하지 않았다. 알고 보니 문제는 엉뚱한 데 있었다. 사장의 칭찬 후 다른 직원들이 그녀에게 이렇게들 말했다는 것이다.

"일만 아는 여자는 도무지 매력이 없다고."

"그렇게 일만 아니까 아직 좋은 사람을 못 만났지."

"여자는 역시 여자다워야 해."

이런 식의 말들을 들으니 그녀는 도저히 참을 수가 없었던 것이다.

물론 일을 잘 한다고 칭찬받으면 기분이 좋지 않을 리가 없다. 그러나 '여직원답지 않다' 라는 말에 마음의 상처를 받고 만 것이다.

일을 잘 하는 여성일수록 그녀의 여성다움을 칭찬해 주면 좋아하게 마련이다. 여성들은 자기의 여성다움을 인정받고 싶어하며, 그런 칭찬에 한없이 약하다.

"김 양은 일을 잘 하니까 결혼해서도 살림을 잘 할 거야."

이런 식의 칭찬에 상대는 자신의 여성다움을 확신하는 것이다.

시선으로 붙잡는다

여성을 설득할 때 시선을 잘 활용하면 좋은 효과를 볼 수 있다. 플레이 보이의 여성 공략법에도 이런 말이 있다.

"상대 여성이 싫어하든 말든 계속해서 눈을 응시하라!"

식당이나 지하철 등에서도 쉽게 관찰할 수 있지만, 앞에 앉아 있는 여성을 유심히 바라보면 그 여성은 안절부절못하거나 옷매무새를 고치는 등 심한 동요를 나타낸다. 이와 같이 남성의 시선은 여성의 심리를 동요토록 한다.

여성의 이런 동요는 여성 특유의 방어 본능에 의한 것이다. 시선을 받음으로써 언제 공격을 받을지도 모른다는 불안감을 느끼기 때문이다. 그러나 여성은 이러한 불안감과 방어 본능을 즉각 발동시키는 동시에 또 다른 생각을 품게 된다.

'내게도 남자의 눈을 끄는 매력이 있는가 보다.'

자기를 유심히 쳐다보는 상대를 방어 본능의 장막 밖에 세워 두면서도 속으로는 자부심을 느끼면서 은근히 그 남성에 대해 관심을 갖게 된다.

그런데 여기서 중요한 것은, 그 관심이 상대의 태도 여하에 따라 호감이 되기도 하고 반감이 되기도 한다는 사실이다. 관심을 갖게 했으면 여성을 설득하기 위한 준비는 끝난 셈이다. 이제부터 본론에 들어가야 하므로 당신의 태도가 더욱 중요해지는 것이다.

열성을 보여 준다

여성을 설득하는 데 있어서 유의할 일은, 여성은 이야기의 내용보다는 열심히 이야기하는 남자의 그 자세에 더 호감을 느낀다는 사실이다. 전체적인 이미지로 상대를 평가하는 것이 여성들의 특징이기 때문이다.

그래서 여성들은 어떤 사람을 평가할 때 부분적인 분석이 아니라 전체적인 이미지를 놓고 판단을 내린다. 그 사람은 '눈이 크다' 라거나 '이마가 넓다' 등의 분석보다는, '좋은 사람이다' 혹은 '편안한 느낌을 준다' 하는 식으로 전체적인 평가를 내리는 것이다.

이런 까닭에 여성들은 말하는 사람의 동작이나 태도에 더 비중을 두게 된다. '참 열심히 이야기한다' 는 느낌을 상대 여성이 갖도록 해야 하는 것이다.

말하자면 여성과의 대화에 별로 재주가 없다고 생각하는 사람은 말의 내용보다는 말하는 태도에 더 신경을 쓰는 것이 좋다. 좋은 내용의 말을 찾느라고 신경 쓸 것이 아니라 얼마나 진지하게 이야기할 것인가에 초점을 맞추는 것이 훨씬 좋은 효과를 거둘 수 있다. 열심히 이야기하는 자세에 상대 여성은 눈을 빤짝이면서 빨려들어올 것이다.

✚ 구체적으로 질문한다

아무리 말을 건네도 도통 입을 열지 않는 여성이 있다. 그런가 하면 말은 하지만 설득의 페이스에 말려들려고 하지 않는 여성도 있다.

"영화 감상을 좋아하십니까?"

이렇게 물으면 상대는 예스 아니면 노라는 대답을 하게 된다. 그리고 더 이상 입을 열지 않는 것이다. 대화의 맥이 끊기는 것은 당연한 일이다. 이런 상대에게는 질문 방법을 바꾸어야 한다. 말하자면 더 구체적인 질문을 하는 것이 효과적이다.

"어떤 영화를 좋아하십니까?"

"애틋한 사랑 이야기가 나오는 영화가 좋습니다."

"아, 〈러브스토리〉라든가 〈사랑과 영혼〉 같은 영화를 좋아하시는군요. 그렇다면 극장에는 자주 가시는 편이겠군요."

"네, 그래요. 좋은 영화가 개봉되면 자주 갑니다."

"혼자 가시는 편이세요? 아니면 누구랑 함께……."

"대개 혼자 가는 편이지요."

이렇게 점점 가까이 접근해서 들어가다가 자연스럽게 이야기의 본론을 꺼낼 수 있다.

"그렇다면 언제 저하고 함께 영화 보러 가지 않겠습니까? 좋은 영화가 개봉되면 추천해 주시기 바랍니다."

이렇게 질문해 가는 과정에 서로의 간격을 좁힐 수 있다. 같은 이야기라도 하기에 따라서 얼마든지 상대의 기분을 살려 주면서 내 페이스로 끌어들일 수 있는 것이다.

모성의 본능을 자극한다

여성에게는 모성의 본능이라는 것이 있다. 남자를 사랑하게 된 여성이 남자에게 뭔가를 해 주고 싶다고 느끼고 또 그것을 실천에 옮기는 행위는 모두 모성 본능에서 비롯된 것이다.

연애든 비즈니스든 여성을 설득하는 데 성공하느냐 못 하느냐는 이 모성 본능을 얼마나 잘 자극하느냐에 달렸다고 볼 수 있다. 남성은 연애를 시작하면 남자다운 남자로 보이기 위해 잔뜩 허세를 부리기도 한다. 그러나 이 허세가 지나치면 여성은 오히려 저항감을 느낀다. 보살펴 줄 여지가 없는 남성은 모성의 본능이 파고들어 갈 여지가 없다.

그렇다고 항상 나약해 보이는 남성도 혐오의 대상이 된다.

솔직한 마음으로 자신의 약점이라든가 실패담, 고충 등을 적절히 털어놓으면 여성은 연민의 정과 함께 도와주고 싶은 충동을 느낀다.

여성을 설득하려면 그녀의 모성 본능을 먼저 자극할 것을 권한다.

타인에 대한 험담을 하지 않는다

어느 여성 잡지에서 20대 여성의 의식 구조를 조사한 적이 있었다. 그 가운데 한 가지 항목이 '남성에 대해 환멸을 느낄 때는 언제인가?' 라는 것이 있었다. 이 질문에 대해 가장 많은 대답은 '대화 도중에 상사나 동료의 험담을 늘어놓을 때' 였다.

상대가 없는 데서 흉을 보거나 욕하는 태도는 도덕적으로도 비난받아야 할 행위이다. 남을 헐뜯는 행위는 왜 나오는 것일까. 그것은 그렇게 함으로써 우월감을 느껴 보고 싶어서이다. 우월감이란 자신이 상대에 비해 부족하다고 느낄 때 거꾸로 발동되는 심리인데, 이러한 남성의 태도를 보고 호감을 갖는 여성은 그 아무도 없다.

'다른 사람을 헐뜯으면서까지 자신을 돋보이게 하고 싶단 말이지? 정말 야비한 사람이군.'

오히려 이렇게 경멸의 마음을 심어 주게 될 것이다. 게다가 이런 생각도 상대가 품을지도 모른다.

'이렇게 남의 말을 하기 좋아하는 걸 보니 다른 데 가서는 또 내 흉을 보지나 않는지 몰라. 앞으로 조심해야겠어.'

다른 남성을 헐뜯음으로써 자신이 돋보이리라고 생각하는 것은 커다란 착각이다. 여성 앞에서는 다른 사람을 헐뜯는 말을 해서는 안 된다. 그리고 그 여성이 먼저 다른 사람을 헐뜯더라도 거기에 말려들어서는 안 된다. 다른 사람을 헐뜯지 않는 남성에게 여성은 신뢰감을 갖게 되며, 그렇다면 자기 자신을 내보여도 안심이라는 생각을 무의식중에 품는다.

◆ 권유형으로 말한다

"미스 김, 이번 주말에 나하고 영화 관람하러 가지 않겠어요?"
"미스 김, 이번 주말에 나하고 영화 관람하러 갑시다."

똑같은 내용이지만 듣기에 따라서는 많은 차이가 있다. 첫 번째 말은 무척 정중하고 상대의 의사를 존중하겠다는 뜻 같다. 그리고 두 번째 말은 은근한 권유이다.

여성을 설득하기 위해서는 위의 두 가지 화법 중 어느 것을 선택해야 할까. 결론부터 말하자면 두 번째 화법을 권하고 싶다.

여성은 내심으로야 어떻든 겉으로는 망설이는 성격이다. 조신하고 나서지 않는 것을 여성의 미덕으로 여기는 우리 사회의 풍습상 그런 경향은 특히 강하다.

이런 이유로 여성에게 뭔가를 권유할 때는 '……하지 않겠습니까?' 하고 말하는 것보다 '……합시다' 하고 바로 권유하는 것이 좋다. 똑같은 말인 것 같지만 그것을 듣는 여성의 심리적 부담에는 큰 차이가 있다.

'……하지 않겠습니까?' 라는 말은 얼른 들으면 정중한 것 같지만 실상은 예스냐 노냐의 대답을 강요하고 있다. 그래서 경계심이 강하고 신중한 여성일수록 결단 내리기를 주저하게 되고, 그만큼 부정적인 답변으로 이어질 확률이 높은 것이다.

이에 비해 '……합시다'라는 권유형 화법은 단도직입적이어서 예스라고 대답해야 하는 상황을 강요하지만, 선택에 대한 심리적 부담을 들어 주고 있다. 즉, 여성은 자기의 의지가 아니라 남성의 강요에 의해 순순히 응한다는 식으로 자기 변명을 만들고, 그러한 심리적 위안이 긍정적인 답변으로 이어지게 되는 것이다.

여성을 설득할 때는 정중하게 의사를 묻는 것보다 은근히 권유하는 것이 훨씬 효과적이라는 사실을 기억해 두라.

작은 변화에도 관심을 둔다

여성은 자신의 작은 변화에 누군가 신경을 써 주면 그것으로 자신이 인정받았다고 느낀다.

아내가 머리 스타일을 바꾸었는데도 남편이 전혀 무관심하면 아내가 먼저 묻는다.

"저, 뭔가 좀 변한 것 같지 않아요?"

"글쎄…… 모르겠는데."

"흥! 나한테 그만큼 관심이 없다는 뜻이군요."

이렇게 되어 사랑이 식었느니 무관심하다느니 하면서 부부 싸움으로 번지기도 한다. 아내가 머리 스타일을 바꾸었을 때,

"어, 미용실에 갔다 왔구먼!"

이라는 한 마디만 해 주어도 아내의 태도는 금방 변해 대접이 달라지

는 것이다.

여성은 일반적으로 자신의 존재를 인정받고 싶어하는 강한 욕구를 지니고 있다. 그래서 자기를 인정해 주는 말에는 민감한 반응을 보이고, 그것을 관심과 호감으로까지 부풀려 생각하게 된다.

특히 여성은 큰 변화는 모험이기 때문에 엄두를 못 내고 작은 변화에 매달리는 경우가 많다. 그런 사소한 점에 신경을 써 주면 당신을 대하는 태도가 확연히 달라질 것이다.

"미스 김, 그 스카프 못 보던 건데 새로 샀나 보죠? 아주 화사하고 좋군요."

이런 이야기로 관심을 보이는 것은 그것이 비록 사소한 것일지라도 여성의 호감을 사는 데는 최고이다. 여성의 입장에서는 상대 남성이 자신의 존재를 인정해 주는 데 대해 고맙게 생각하며, 그 사람을 '특별한 사람'으로 인식하게 되는 것이다.

그런데 여기서 한 가지 유의해야 할 것은, 그 사소한 변화를 지적하는 것으로 그쳐야 한다는 것이다. 좋다 혹은 나쁘다의 가치 판단을 내리면 도리어 상대의 반발을 살 염려가 있기 때문이다. 관심도 적당해야지 잘 못하다가는 역효과를 낼 수도 있는 것이다.

08 설득을 위한 화술

혀의 힘   옛날 어느 나라의 왕이 희귀병에 걸렸다. 의사는 사자의 젖을 마셔야 병이 낫는다는 처방을 내렸다.

그러나 사자의 젖을 어떻게 구하느냐가 문제였다. 그러던 중 머리가 아주 뛰어난 젊은이가 나서서 사자의 젖을 구해 오겠다고 했다.

젊은이는 사자가 살고 있는 초원으로 가서 새끼사자를 한 마리씩 어미사자에게 건네 주었다. 그렇게 해서 열흘쯤 지나자 젊은이는 어미사자와 아주 친하게 되었다. 그래서 젊은이는 어미사자의 젖을 얻을 수 있었다.

돌아오는 길에 젊은이는 신체의 각 부분이 서로 다투는 꿈을 꾸었다. 그것은 신체 중에서 어느 부분이 가장 중요한가에 대한 논쟁이었다.

발이 먼저 나서서 말했다.

"내가 아니었다면 사자가 있는 초원까지 가지 못했을 거야."

그러자 눈이 가로막고 나섰다.

"내가 없었다면 볼 수가 없어서 초원까지 가지도 못했을 거야. 또 사자를 어떻게 발견했겠어?"

심장도 점잖게 한마디 했다.

"그래도 내가 아니었다면 대담하게 사자에게 가까이 접근하지 못했을걸."

이들의 말을 듣고 있던 혀가 마지막으로 나서서 말했다.

"너희들이 아무리 그래 봤자 내가 없으면 아무 소용이 없을 거야."

그러자 신체의 각 부분은 일제히 나서서 뼈도 없고 쓸모도 없는 조그만 녀석이 까분다며 혀에게 으름장을 놓았다.

"그렇다면 궁궐에 도착해서 가르쳐 주지. 누가 제일 중요한지 말이야."

드디어 젊은이는 궁궐에 도착하여 왕 앞에 사자의 젖을 내놓았다.

왕이 젊은이에게 물었다.

"이것은 무슨 젖이냐?"

그러자 젊은이는 느닷없이,

"네, 이것은 개의 젖입니다."

라고 대답했다.

그제야 신체의 각 부분들은 혀의 힘이 얼마나 강한지를 깨달았다. 모두들 혀에게 사과했다.

그러자 혀는 왕에게 다시 아뢰었다.

"아니옵니다. 제가 말씀을 잘못 드렸습니다. 이것은 틀림없는 사자의 젖이옵니다."

설득의 심리학

비즈니스 사회에서는 상대를 설득하는 것이야말로 중요한 일이다.

상대도 산전수전 다 겪으면서 오늘에 이른 사람이고 보면 이미 일정한 가치관 또는 사고방식이 확립되어 있다. 그런 상대가 설득하는 사람의 몇 마디에 호락호락 동의하지 않을 것은 뻔하다. 그렇다면 어떻게 설득해야 효과를 거둘 수 있을까.

설득의 구체적인 방법으로써 대인 심리학에서는 다음 세 가지를 제시한다.

::풋 인 더 도어 foot in the door

이른바 시작이 절반이라는 것이다. 성공하느냐 실패하느냐는 차후의 문제이고, 먼저 현관에 발을 들이밀라는 뜻이다.

외판 사원의 입장에서 보면 우선 현관에 발을 들여 놓음으로써 이야기가 시작되고, 말이 오가야 상품 소개도 가능하다.

"물건을 팔러 온 게 아닙니다."

"딱 한 마디만 하겠습니다."

살짝 열린 문 사이로 잽싸게 이 말을 하고 발을 들이미는 것이다. 처음부터 상품을 선전하거나 설명하면 열렸던 문도 이내 닫혀 버리고 만다.

그러나 '딱 한 마디만'이라고 하면 물건을 팔러 온 줄 뻔히 알면서도 마음을 다소는 풀어준다. 그리고 문이 열리면 들어가서 이야기를 꺼내기 시작할 것이고, 이야기를 하다 보면 상품이 팔릴지도 모른다.

이것은 비단 외판 사원에게만 통용되는 수법은 아니다. 직장에서나 거래처에서, 또는 친구나 연인 사이에서도 응용할 수 있다.

: : 도어 인 더 페이스 door in the face

"이번 바자회에 하루만 나와서 봉사해 주십시오."

갑작스럽게 이런 청을 들으면 대부분의 경우,

"그렇게 갑작스럽게 말씀하시면 곤란한데요."
하면서 거절한다.

그러나 처음에 열흘 동안 봉사해 줄 것을 요청하면 어떻게 될까. 물론 마찬가지로 거절당할 것이다. 그러나 거절당한 직후에,

"거 참 섭섭한데요. 그러면 단 하루만 부탁합시다."라고 하면 상대는 흔쾌히 승낙할 것이다. 똑같은 하루 동안의 봉사이지만 두 번째 방법으로 쉽게 상대를 이끌어 낼 수 있다.

이것이 바로 '도어 인 더 페이스' 법이다.

먼저 큰 부탁을 한 다음, 갑작스런 큰 청이므로 틀림없이 거절당할 것을 예상해 두었다가 거절당하면 다시 작은 부탁을 꺼낸다. 그러면 십중팔구 성공할 것이다.

: : 로 볼 low ball

500만 원 정도로 자동차를 구입할 생각을 가진 사람이 있다고 치자. 그는 600만 원짜리 자동차가 더 낫다는 것을 알면서도 자금 사정상 고려 대상에서 제외시켰다.

그런데 판매원이 상담 도중에 700만 원짜리 자동차를 500만 원에

구입할 수 있다고 했다. 그 말이 떨어지는 순간 그 손님의 마음속에는 700만 원짜리 자동차가 자리 잡는다. 그럴 수밖에 없는 것이 사정만 허락한다면 처음부터 600만 원 혹은 700만 원짜리 자동차를 살 생각이었으니 말이다.

그러니 700만 원짜리 자동차를 살 수 있다는 말에 500만 원짜리에 대한 생각은 까마득히 날아가 버린다.

바로 이때 판매원이,

"고객 사은 세일이 바로 어제 끝났습니다. 오늘까지 세일 가격으로 판매가 가능하도록 제가 어떻게 잘 말씀드려 보죠."

하고 안으로 들어간다. 이쯤 되면 700만 원짜리의 귀추가 염려될 뿐, 원래 생각했던 500만 원짜리로 마음을 고쳐먹기란 예삿일이 아니다.

"아무래도 세일 가격으로는 안 된답니다."

대부분의 사람들은 판매원의 이런 말을 듣고서도 '어떻게 안 될까요?' 하고 미련을 갖게 마련이다.

물론 화를 내면서 나가 버리는 사람도 있겠지만, 무슨 방도가 없겠느냐며 포기하지 않는 사람이 많다는 것이 통계로 나타나 있다. 그리고 어지간하면 다소의 무리가 따르더라도 700만 원짜리 자동차를 구입한다는 것이다.

일단 고쳐먹은 마음을 원래로 돌려 세우기가 어렵다는 뜻인데, '로 볼'이란 바로 이런 심리를 노린 테크닉이다. 로 볼이란 손에 닿을 정도로 낮은 볼을 던져 준다는 의미에서 비롯된 말이다.

즉, 상대가 감히 생각하지도 않고 엄두도 못 내는 것을, 생각만 있다면 가능한 조건을 내밀어 마음이 동하도록 한 다음 그 조건을 본래의 조건으로 되돌리는 방법이다. 달콤한 조건을 제시해 의욕을 일으키게 한 다음에 슬그머니 바꿔치기 하는 것이므로 자칫 사기 수법으로 오인될 우려도 있지만, 이런 요령으로 부딪치면 본래의 조건으로야 어림없는 일도 가능해진다.

✤ 시간과 장소

설득의 또 다른 요인은 시간과 장소이다. 똑같은 내용도 단 둘이 앉아서 듣는 것과 여러 사람 앞에서 듣는 것과는 결과에 있어서는 다르다. 여러 사람과 동석한 자리에서는 설득하는 사람과 설득당하는 사람만의 인간관계에 그치지 않고 주위에 있는 다른 사람들과의 인간관계도 영향을 미치기 때문이다.

인간은 집단화할 때 집단 심리가 작용한다. 따라서 소속 직원을 일정한 방향으로 설득하고자 하는 경우라면 한 사람씩 불러서 설득하기보다는 전원을 모아놓고 설득하는 편이 효과적일 수 있다. 반대로 자기는 동의하고 싶지만 다른 사람의 동향을 짐작하지 못해 확실한 의사 표시를 하지 않는 경우도 있음을 고려해야 한다.

설득하는 장소 또한 중요하다. 설득이란 본래 말로써 어떤 내용을 설명하면서 상대가 이쪽 의견에 동조하도록 하는 행위이므로 듣는 사람이 그 내용을 충분히 검토해 보고 생각하기에 적당한 장소가 좋다.

소음이 심한 곳, 무더운 곳 혹은 너무 추운 곳 등은 듣는 사람이 생각을 정리하기에 충분하지 못한 환경이다. 바꿔 말하면 조용하고 적당한 온도의 장소라야 설득하기 좋다. 인간은 심리적으로 쾌적한 상태일 때

웬만한 일도 순순히 수용하는 것이다.

설명과 설득의 차이

말하고 듣는 커뮤니케이션에서 상대를 움직이게 하고 협력하도록 하는 것이 설득이다. 설득력을 기르려면 표현력과 이야기하는 힘을 길러야 한다.

상대를 움직이게 하기 위해서는 다음 세 가지 생각을 먼저 버려야 할 것이다.

:: 말하지 않아도 알 것이다는 생각을 버린다

아직도 '꼭 말로 해야 아나?' 혹은 '보면 몰라?' 하는 식의 사고방식에서 벗어나지 못하고 상대를 이해시키려는 노력과 시도를 태만히 하는 사람이 많다. 이런 사람은 대개 적당히 첫 머리만 설명하고 나머지는 '이쯤이야 알겠지' 하고 생략해 버린다.

어떤 회사의 연수 과정에 '커뮤니케이션의 중요성'이라는 과목이 있었다. 이 시간에 강사가 연수생들에게 강아지가 주인에게 재롱을 피우는 장면을 동작으로 표현하라고 했다. 연수생들이 한 명씩 나와 동작을 이어갔는데, 여섯 번째 연수생에게 그것이 무슨 동작이라고 생각하느냐고 질문했다. 그러자 그는 '시장에서 싸움이 벌어졌다'고 대답하는 것이었다.

일상의 커뮤니케이션에서 '이 정도면 나머지는 다 알겠지'라고 생각하다가는 터무니없는 과오를 저지르고 말 것이다.

: : 가능하다면 말하지 않고 넘기겠다는 생각을 버린다

자신이 생각하기에는 간단한 부탁이니까 상대가 꼭 응해 주리라고 믿는 경우가 많은데, 그렇게 생각하면 오산이다. 아무리 간단한 부탁이라도 거절당하는 경우가 더 많다. 이런 경우를 미리 상정하기 때문에 부탁을 하면서 '가능하다면 짧게' 또는 '가능하다면 말하지 않고'라는 자의식을 가지게 된다.

부탁을 할 때는 충분한 설명이 따라야 한다. 본인이 해도 실수가 따를 수 있는데 남이 할 때 실수가 없으리라는 보장이 있는가. 부탁하기가 미안해서 소극적인 태도를 보이려면 아예 혼자서 처리하는 편이 유익한 결과를 가져온다.

앞의 연수 시간에 있었던 일을 하나 더 소개하자.

사례

강사가 '우리 위에는 부모님·조부모님·증조부님·고조부님이 계시고…… 자, 이 다음에 저는 무슨 말을 하리라고 생각합니까?' 하고 물었다. 그러자 대부분의 연수생들은 '그 위의 선조들!'이라고 대답했다. 그러나 강사의 다음 말은 '아래로는 자식들, 손자들……'이었다.
시작한 이야기, 설명하려던 이야기는 끝까지 해야 이해시킬 수 있다는 것을 보여 주는 예의 하나이다.
이야기는 끝까지 해야 하고, 이해시키기 위해서는 어떤 표현을 써야 하느냐를 늘 염두에 두어야 한다.

: : 이해 못하는 상대가 나쁘다는 생각을 버린다

"쇠귀에 경 읽기야. 그런 것도 모르다니 수준 이하야!"

나름대로 설명을 했다고 생각하는데 상대가 이해하지 못하면 자기의 설명이 요령부득이었는가를 반성하기 전에 먼저 이렇게 단정해 버린다. 이런 사람은 몰라서 질문을 해도 언제나 '그것도 몰라?' 하면서 면박을 주기 일쑤다.

　표현력이 서툴러 이해 가능하도록 설명하지 못한 내게 문제가 있음을 반성하고, 그것을 고치도록 노력하여야만 상대를 움직일 수 있다는 것을 명심해야 할 것이다.

　저지르기 쉬운 이상의 세 가지 잘못을 고치면 충분한가? 그렇지가 않다. 설명과 설득은 별개의 것이기 때문이다.

　논리정연한 말로 설명을 마쳐도 '그 말은 충분히 이해한다. 그러나 그 요구는 받아들이지 못하겠다' 라고 해 버리면 만사휴의이다. 뿐만 아니라 설명에 들인 노력과 시간은 모두 헛된 것이 되어 버린다.

　이해하면서도 부탁에 응해 주지 않는 경우는 결코 드문 일이 아니다. 설명만이 아니라 '과연 그렇군' 하고 납득과 함께 행동으로 응해 주는 선까지 이르지 못하면 헛수고에 그치고 마는 것이다.

✚ 이해를 시켜야 설득할 수 있다

　누군가를 설득하려면 먼저 그 내용이나 필요성을 상대에게 이해시켜야 한다. 상대가 이쪽의 의중을 알아차리고 말을 시작하기도 전에 '이것을 이렇게 하라는 말이죠?' 하고 나서는 경우가 있는데, 이것은 설득이라고 볼 수 없다.

설득이란 원칙적으로 어떻게 하기를 바란다는 이쪽의 의사 표명에 의해 시작되는 것을 말한다. 따라서 어떤 일을 어떤 이유 때문에 해야 하는지의 이해가 선결되어야 한다.

얼마 전 한 회사 사무실에 들렀을 때의 일이다. 사무실의 문을 열자마자 들려 오는 고함 소리가 있었다.

"왜 내가 그것을 해야 하냔 말야. 왜 내가 해야 하느냔 말이야!"

한 사원이 고래고래 고함을 지르고 있었다. 전후 사정을 알 수 없었지만, 그 사람을 설득하려던 사람이 충분히 이해시키지 못한 상태에서 억지로 일을 맡겨 불만이 폭발한 듯했다.

왜 그것을 해야 하느냐의 물음에 대한 명쾌한 답을 준비해야 비로소 설득이 가능한데도, 그것이 귀찮거나 혹은 말하면 될 것이라고 생각하고 물음에 대한 답을 준비하지 않아 실패한 예이다.

그 일을 시킨 사람은 '사원이라면 당연히 할 일'이라거나 혹은 '꼭 말로 해야 아나?' 하고 대수롭지 않게 생각했을 것이다. 그러나 이것은 설득이 아니라 강요인 것이다.

충분히 이해시키는 것, 이것이 설득의 첫째 조건이다.

✤ 말은 감정에 불을 지른다

'과연 그렇군!' 하고 납득하게 되면 여기에 설명을 곁들여 마침내는 설득시키는 것임을 알아보았다. '과연!'이란 다분히 기분 문제이고 감정 문제이다.

"말은 알겠는데 기분이 내키지 않아."

"말은 틀림없으나 할 생각은 없어."

이런 말을 듣는 경우도 있다. 이성으로는 이해하겠지만 기분이나 감정이 '과연 그렇군!' 하고 납득하지 못한다는 뜻이다.

냉정하게 생각하면 이야기에 감정이 없을 수 없다. 단순한 사항의 전달, 업무상의 연락조차도 주고받는 행위를 수반하므로 미묘한 심리적 변화가 생기기 마련이다.

프로이트의 말마따나 말은 인간의 감정에 불을 당긴다. 말이 인간의 마음에 파도를 일으킨다는 것이다.

'알겠습니다' 하고 대답하면서도 행동으로 옮길 기미를 보이지 않는 상대가 얼마든지 있다.

"알겠다면서 어찌된 거야?"

"네, 알고는 있습니다."

"알았으면 움직여야 할 것 아닌가. 왜 그래?"

"하지만 말입니다……."

"하지만이라니! 결국 알지 못한 것 아냐? 모르겠단 말이지?"

이쯤 되면 눈인사조차 거북스러워진다. 물론 설득과는 거리가 멀다. 문제는 이야기가 일방적이었거나 강요에 가까웠기 때문에 상대로 하여금 심리적으로 저항하게 한 데 있다.

상대를 이해시킨 것만은 사실이지만, '어림없다. 내가 하는가 봐라!'라며 상대는 기분이 상해 실행을 미루고 있는 것이다. 온화한 어조로 설명함으로써 심리적으로 저항하지 않도록 했어야 마땅하다.

◆ 설득을 위한 정지 작업

매일 얼굴을 대하는 사이라고 해도 갑작스럽게 불러 '이것 빨리하게' 하고 말하면 반발하고 저항하게 된다. 그보다는 먼저 '지금 바쁜가?' 하고 타진한다. 뭔가 일을 맡기려는 기미를 알아차리면 반가워하지 않는 것은 뻔하지만, 갑작스런 명령보다는 일단 타진부터 하는 것이 바람직하다.

더구나 상대가 첫 대면인 경우나 안면이 있더라도 아직 거리감이 있는 사이라면 상당한 분위기 조성을 거치지 않고서는 설득으로 이어지지 않는다.

설득이란 결과적으로 상대에게 유형·무형의 부담을 주는 것이므로 워밍업 없이 단도직입적으로 용건을 털어놓는 것은 안 될 일에 억지 부리는 것과 마찬가지다.

그래서 설득을 위해서는 사전 대응이 필요하다. 사전 대응 중 가장 중요한 것이 평소의 인간관계이다. 평소 자기가 주위 사람들과 어떤 정도의 관계에 있었는가는 무언가 설득하려고 할 때 노골적으로 드러난다. 입으로는 말하지 않지만 '잘 해 보시오. 난 싫소' 하는 정도라면 평소의 인간관계를 미루어 짐작하기 어렵지 않다.

평소 성실한 사람이 남을 잘 설득할 수 있는 것이다.

그런가 하면 설득에 성공하여 상대가 승낙하는 순간 '이제 너하고는 더 이상 볼 일이 없다' 는 태도로 등을 돌리는 사람이 있는데, 너무 속이 들여다보이는 행동이다. 근황을 묻거나 뭐 도울 일이 없겠느냐는 등 이쪽의 설득에 응해 준 감사의 마음을 담은 언동을 내보여야 한다.

40퍼센트만 말하고 60퍼센트는 듣는다 | 커뮤니케이션에는 상대가 있다. 벽에 대고 독백하는 것은 아니다. 이런 사실을 모르지 않으면서 실제로 대화를 하는 것을 보면 일방적으로 떠드는 사람이 많다.

일방적으로 떠들고 끝내는 것이 아니라 상대의 주장도 들어 보는 그런 상호 작용이 있어야 커뮤니케이션은 활발해지고 효과도 기대할 수 있다. 이야기하면서 듣고, 또 들으면서 이야기하는 것이 커뮤니케이션이다. 따라서 설득력이란 표현력인 동시에 대응력이라고 볼 수 있다.

대응력을 발휘해서 상대와의 대화를 활발히 하며, 그 속에서 일치점이나 설득의 단서를 발견하면 상대를 움직이게 하는 것은 쉽다.

흔히 "난 입담이 없어서 남을 설득하는 데는 영 자신이 없어."라는 말을 하면서 한탄하는 사람이 있는데, 이것은 설득에 대해 올바르게 이해하지 못하기 때문이다. 설득이란 일방적으로 말하는 것이 아니다.

신나게 한바탕 떠들어 대면 스트레스는 해소될망정 상대와는 의견이 엇갈려 설득에 성공하지 못한다. 때로는 불필요한 말까지 지껄여 시비로 이어지는 수도 있다. 40퍼센트만 말하고 나머지 60퍼센트는 상대의 이야기를 들어라. 이것이 설득의 첫 걸음이고 중요한 요령이다.

상대의 이야기를 들을 때는 상대의 얼굴을 보며 그 이야기를 음미하면서 듣는다. 지그시 음미하며 들으면서 이쪽의 요구를 어떻게 제시해야 하는가를 생각하라. 그러면 일방통행의 설득이라는 잘못을 범하지 않을 것이다.

◆ 말 뒤에 숨은 진의를 파악한다

설득에 성공하려면 상대의 진의나 말 뒤에 숨은 내용을 먼저 파악해야 한다. 이를 위해서는 상대의 말을 통상의 의미로만 들어서는 안 된다. 말이란 편리해서 귀에 걸면 귀걸이, 코에 걸면 코걸이인 셈이다.

통상적인 의미, 즉 사전에 쓰인 의미는 공통의 약속 사항에 불과하고, 실제적으로는 보다 다양하게 다른 뉘앙스로도 쓰인다. 뿐만 아니라 말로써 사실을 은폐하거나 본심을 가리고, 때로는 정반대로 말하기도 한다. 말 뒤에 숨은 진의를 알기 위해서는 다음 두 가지 점에 유의해야 한다.

::첫째, 종합적으로 보고 듣는다

'알겠어. 알았단 말이야' 라는 말은 아예 더 듣고 싶지 않다는 뜻으로 해석할 수 있다.

이처럼 움직이는 눈·표정·손짓·몸짓 등을 보면 입에서 나오는 말과는 전혀 다른 내심이 엿보이기도 한다. 또 전후 사정이나 그 자리의 상황 등도 이면에 숨은 의미를 해석하는 데 중요한 실마리가 된다.

::둘째, 자신에게 유리하도록 해석하지 않는다

인간은 본래 자기 중심적이다. 이야기가 분명히 자신에게 불리하게 돌아가고 있음을 느끼면서도 설마 하고 자신에게 유리한 쪽으로 해석하고 받아들이기 쉽다.

외판원인 옛 친구가 찾아와서 '우리 친구들 가운데서는 그래도 자네가 제일 출세했으니……' 어쩌고 하면 그만 우쭐해져서 비싸기만 하고 별 필요도 없는 책을 할부로 사게 된다. 파는 쪽에서는 바로 이 심리를 이용한 것이고, 그것을 알아차리지 못한 것은 당신의 잘못이다.

자신에게 유리한 말이거나 불리한 말이거나 표면으로 들리는 통상의 의미를 젖혀 두고 상대의 입장에 서서 그 발언의 배경과 사정을 파악하도록 하자.

불안을 없애 주면 응한다

'손해 보고 싶지 않다. 부담이 싫다. 체면을 유지하겠다.'

이 세 가지 생각은 비록 정도의 차이는 있지만 누구나 품고 있다.

손해 보고 부담이 되고 체면이 깎인다고 분명히 생각되면 누구나 딱 부러지게 거절하지만, 그것이 확실하지 않으면 불안해지는 것이 인간의 심리이다. 즉, 불안이란 명확하지 않은 상황에서 품게 되는 감정이다. 그리고 불안하면 주저하는 것이 당연하다.

"아무래도 저는……."

"마음에 걸려 그만두겠어."

"내가 잘 모르니……."

이런 말이 나오면 설득은 불발로 끝나고 물러날 수밖에 없다. 그렇다면 이 불안감을 없애 주는 것이 선결 과제라고 볼 수 있지 않을까.

불안감을 없애 주기 위해서는 다음 사항에 유의해야 한다.

: : **첫째, 언동과 차림이 정갈해야 한다**

첫 대면인 경우나 접촉이 많지 않은 상대를 대하게 되면 누구나 우선 눈에 보이는 것만으로 판단하게 된다. 비듬이 하얗게 내린 머리, 후줄근한 옷, 방금 논에서 나온 듯한 구두, 침착하지 못한 말과 행동 등은 상대에 대한 믿음을 쫓아 버린다.

첫 대면인 상대가 이런 상태라면 누구나 의아심이 생기고 불안해진다. 반대로 단정하고 여유 있어 보이고 어색하지 않은 태도를 보이면 일단 이야기를 들어 보고 싶은 마음이 생긴다.

: : **둘째, 확실한 전망을 드러내야 한다**

가령 영어 회화 강좌를 들으라고 권유할 때,
"기가 막히게 가르쳐요. 꼭 가 보세요."
"가 보면 진가를 알 겁니다."
하고 해 봐야 거절밖에 돌아올 것이 없다. 제대로 회화가 가능하리라는 보장도 없이 자칫하면 시간과 돈만 낭비하고 망신당하지 않을까 하는 걱정이 앞서기 때문이다.

"석 달만 들어 보세요. 능숙하고 유창한 정도는 못 되더라도 비즈니스에 필요한 말은 문제없습니다. 자, 이 교재를 보십시오. 게다가 회화 잘 한다고 소문난 해외 사업부의 김 대리도 이 학원에서 기초를 닦았습니다."

이런 식으로 구체적으로 이야기하여 상대의 불안을 씻어 주는 것이 설득의 요령이다. 석 달이라는 기한과 전례가 명확하게 제시되면 우선 불안은 덜게 되니까.

조건을 구체적으로 제시한다   수영이라면 투신자살이라고 생각하는 위인이 있었다. 친구나 부인이 아무리 권해도 그는 수영을 배울 생각을 하지 않았다. 아들이 수영 교실에 나가는 것마저도 한사코 반대하는 정도였다.

어느 해 여름, 아들과 함께 해수욕장을 찾았다가 이변이 일어났다. 그가 물에 들어갔던 것이다.

아들이 "아빠, 아빠. 이렇게 머리까지 물에 잠기면 절대 안 빠져요." 하면서 둥둥 떠 보였던 것이다. 그는 아들과 재미있게 놀아 주겠다는 단순한 생각에서 그대로 따라했는데, 정말로 물에 뜨게 되었던 것이다. 이후부터 그는 사우나의 냉탕에서도 첨벙거리며 헤엄을 치게 되었다.

이렇게 해라, 저렇게 해라 하고 아무리 권해도 그 일을 해야 할 상대가,

"아무래도 저는 무리입니다. 할 수 없습니다." 하고 움직이지 않는 경우가 있다. 이런 상대를 만나게 되면 성미가 급한 사람은,

"무리라고? 넌 처음부터 거절할 생각만 하고 있어. 도대체 할 생각이 있는 거야 없는 거야?" 하고 몰아세워 당초 목적인 설득에 실패하고 만다.

이럴 때는 그저 들어 주고 왜 그런 생각을 품게 되었는지 생각해 볼 필요가 있다. 이유를 알면 대응 수단을 찾을 수 있기 때문이다. 대개의 경우 당사자의 짐작만으로 자기는 그 일을 할 수 없다고 판단해 버린다. 이때는 구체적인 방법이나 수단을 제시해 주면 주저하던 마음이

'그렇구나!' 하고 전향적으로 바뀐다. 앞의 이야기에서 '당연히 나는 수영을 할 수 없어!' 하는 아버지의 마음을 바꿔 놓기 위해 아들은 물에 뜨는 구체적인 요령을 보여 주었던 것이다.

한편 상대의 부담을 덜어 주는 방법도 효과적이다.

"며칠 놓아 두겠으니 장난 삼아 게임이라도 해 보시죠."

컴퓨터 외판원이 설득에 지쳐 마지막으로 내놓은 카드였다. 심심하면 장난 삼아 만져 봐도 괜찮다는 것이다.

물론 구입할 의사는 전혀 없었다. 그러나 만지다 보니 편리함을 알게 되고, 컴퓨터가 있으면 어떤 일을 할 수 있을 텐데 하는 여러 가지 상상을 하게 된다. 며칠 후 그 외판원이 다시 방문했을 때 그 사람은 컴퓨터를 구입할 결심을 굳히고 있었다.

상대의 입장에서 본다

지독한 알코올 중독자가 입원 치료를 받았다. 수개월의 치료로 알코올과 인연을 끊게 되어 드디어 퇴원했다. 한동안 그 가정에는 평화와 웃음이 감돌고 부인도 뛰던 가슴을 쓰다듬었다. 그런데 퇴원 후 한 달쯤 지나자 남편은 비록 소량이지만 술을 입에 대기 시작했다. 충격을 받은 부인이 남편을 비난했다.

"다시는 한 모금도 안 마시겠다고 맹세한 입이 또 술을 찾다니, 어쩔 수 없군요."

그러자 남편은 남편대로 할 말이 있었다.

"그렇게 지독하게 마시던 내가 한 달씩이나 참았는데……."

부부는 가벼운 말싸움에서 시작하여 급기야는 입에 담지 못할 욕설을 해대기 시작했다.

만약 여기서 부인이 이렇게 먼저 말했다면 어떻게 되었을까.

"그 지독한 술꾼이 한 달이나 참으셨으니……."

선수를 빼앗긴 남편은 필경 어이없어 피식 웃으며,

"미안해, 내가 잘못했어."

하고 반성하지 않았을까.

자동차 왕 포드에게 누가 성공의 비결을 묻자 그는 이렇게 대답했다.

"그것은 상대의 입장에 서는 능력에 달렸다."

성공한 인물의 말이니 그만큼 무게가 있다. 그러나 평범한 우리는 상대의 입장에 서는 구체적인 방법을 모른다.

상대의 입장에 서려면 상대가 할 말을 먼저 생각하라고 한다. 알코올 중독자의 부인은 이 점에서 부족했던 것이다. 상대의 입장에 서서 상대의 말과 생각을 먼저 끄집어 내는 것이 설득을 돕는 길이다.

구체적인 이미지에 호소한다

상대를 설득하려면 구체적인 이미지가 떠오르도록 표현하는 능력이 있어야 한다. 듣는 입장에서는 뚜렷한 이미지가 떠오르면 실감이 나고 자기도 모르는 사이에 긍정하고 납득하게 된다.

어느 회사 영업부에서 있었던 일이다.

아침마다 영업부장은 직원들을 모아놓고 손님의 입장에 설 것을 강조했다. 그런데 입에서 신물이 나도록 교육했으나 그 효과는 제대로 나타나지 않았다. 말만으로 강조하다 보니까 직원들 머릿속에 구체적인 이미지를 심어 주지 못했던 것이다.

그러던 어느 날 직원 한 명을 관청에 심부름 보냈다. 결산에 필요한 서류 몇 가지를 받아 와야 했기 때문이다. 그런데 심부름을 다녀온 직원의 볼이 잔뜩 부어 있었다. 영업부장은 그 이유를 물었다.

"한참을 기다리다가 막 서류를 받으려고 할 때 담당자에게 전화가 걸려 왔지 뭐예요. 손만 뻗으면 서류를 건네 줄 수 있는데도 그 전화를 받느라고 10분 이상을 기다리게 하지 뭡니까."

그 말을 들은 영업부장은 이튿날 아침 회의 때 그 직원으로 하여금 어제 있었던 일을 전 직원에게 소상히 설명하도록 했다. 그리고 관청의 담당자가 민원인의 입장에 서지 않았기 때문에 그런 불편을 겪었지 않았느냐고 덧붙였다.

그러자 그 효과는 금방 나타났다. 그 이후로 직원들은 다들 손님의 입장에 서려고 노력하는 것이었다. 구체적인 이미지에 호소한 효과인 것이다.

✚ 메리트를 강조한다

인간은 어떤 경우에 움직이는가.

첫째, 인간은 이익이 있을 때 움직인다. 득이 안 되는 일이라고 생각하면 움직이지 않으나, 득이 된다고 생각하면 적극적으로 움직인다.

둘째, 감정에 의해 움직인다. 좋아하는 사람, 잘 보이고 싶은 사람이 부탁하면 무리임을 알면서도 움직인다. 반대로 싫은 사람의 부탁은 핑계를 대며 거절한다.

설득할 때는 이 점을 적절히 활용해야 한다. 그리고 이를 활용하기 위해서는 평소부터 인간관계를 원활하게 해 놓아야 한다.

바로 이런 인간관계를 바탕으로 내 부탁을 들어 주면 이익이 있음이 드러낸다. 즉, 설득에 응하면 어떤 메리트가 주어지고, 이 기회를 놓치면 어떤 손해를 입게 된다는 것을 구체적으로 설명해야 한다. 단, 이때의 이익은 반드시 금전적인 것에 한하지 않는다. 정신적인 것을 포함한 모든 이익을 말한다.

지방의 지사에서 본사 영업부로 발령받은 ○○ 씨는 거래처 파악에 진땀을 흘리고 있었다. 특히 거래처에서 전화라도 걸려 오면 과거의 거래 내역도 잘 알지 못한 채 응답하느라 와이셔츠가 후줄근하게 젖도록 쩔쩔 맸다. 그러던 어느 날 상사로부터 거래처 명부를 정리하라는 지시를 받았다. 너무 오래되었으니 새로 작성하라는 것이었다.

○○ 씨는 신입사원도 아닌 자기에게 그런 일을 시키는 것이 못마땅해서 얼굴을 찌푸렸다. 이때 상사가 속삭이듯이 말했다.

"우리 회사의 총 재산을 자네가 보는 거야. 요즘 전화통만 들었다 하면 땀을 뻘뻘 흘리던데 이 명부가 에어컨이 되어 줄 걸세."

그 말을 듣고 ○○ 씨는 번쩍 정신이 들었다. 쩔쩔 매지 않아도 되는 메리트 앞에 거절할 이유가 없었다.

"잔소리 말고 시키는 대로 하기나 해!"

만약 이 상사가 이렇게 말했다면 어떻게 되었을까. 아무리 상사라도 부하 직원을 설득할 때는 윽박지르기보다는 메리트를 제시해 주는 게 낫다.

◆ 의기를 북돋운다

이익과 감정 외에 또 호소할 만한 것이 인간의 의기이다. 의기는 사람을 움직이게 하는 충분한 동기가 된다.

상대의 능력이나 기술을 충분히 인정해 줌으로써 의기를 북돋을 수 있다. '그 사람이 내 능력을 인정해 주는데 나도 뭔가 보답을 해야지' 하는 생각이 들도록 만드는 것이다.

"문제가 생겼는데 자네 힘이 필요해."

능력 있다고 자부하는 사람들은 이런 말을 들으면 대뜸,

"왜, 무슨 일인데?"

하는 반응을 보인다. 우선 관심을 갖는 것이다.

이때 용건을 말하고,

"바쁜 줄 알지만 자네가 도와줘야 해결되겠어."

하고 부탁하면 흔쾌히 상대를 설득할 수 있다.

그러나 평소에는 상대를 무시하다가 일이 생길 때만 이런 태도를 보인다면 상대는 결코 응하지 않을 것이다.

◆ 오기를 자극한다

인품이 나쁘거나 악의가 있는 것도 아니면서 말 솜씨가 없는 탓에 남으로부터 반감을 사고 경원당하는 사람이 의외로 많다. 같은 내용의 말이라도 말하는 요령에 따라 상대를 즐겁게 하기도 하고 노엽게 하기도 한다.

이런 점을 모르고 입에서 나오는 대로 말을 하다 보면 반감을 사거나

경원당하게 되는 것이다.

그런데 인간이란 묘한 존재여서 때로는 상대를 노엽게 해서 결과적으로 원하는 바를 달성하는 방법도 있다. 즉, 상대의 오기를 자극함으로써 '왜 내가 그 일을 못 할쏘냐?' 하는 반응을 이끌어 내는 것이다.

성급한 사람이나 평소 별로 표가 나게 일하지 않는 사람은 이런 '불지르기' 수법에 곧잘 넘어간다. 그러나 상대를 충분히 모르면서 이런 수법을 쓰는 것은 좋지 않다. 즉, 꽁한 성격의 사람이 모욕당했다고 생각하게 되어 더 다루기가 어려워질 우려가 있기 때문이다.

상대를 자극하는 이 방법은 충격이 강해 상대를 흔들어 놓는 결과가 되어 때로는 저자세의 설득보다 효과적이다.

"뭐라고? 도대체 날 뭐로 보는 거야?"

이런 반응이 나올 때쯤 해서 '사실 내 생각은 말이야' 하고 털어놓는 것이 좋다. 그리고 용건이 끝난 다음에는,

"미안하다. 너만은 꼭 이해해 줄 것으로 믿었다."라는 한 마디를 덧붙이는 것을 잊어서는 안 된다. 그렇지 않으면 자칫 원망을 남기게 될지도 모르기 때문이다.

♦ 말로만으로는 모자란다

커뮤니케이션 전문가의 연구 결과에 따르면 사람이 상대와 마주해서 받게 되는 자극 가운데 눈으로 들어오는 것이 가장 강해서 그 비중은 55퍼센트나 된다고 한다. 다음이 듣는 음성으로써 38퍼센트를 차지하고, 언어의 내용이 주는 자극은

불과 7퍼센트에 불과하다고 한다.

이 결과를 바탕으로 보면 단지 말로만 하는 설득은 형편없는 것이 된다. 필요한 단어만 입에 올려서 설득할 수 있는 것이 아님은 분명하다.

:: 첫째, 음성이 중요하다

혼자 독백하듯이 가부가 명확하지 않고 어미가 뚜렷하지 않은 사람의 말은 듣기에도 짜증이 난다. 그런 사람이 누구를 설득하겠는가.

:: 둘째, 눈으로 말해야 한다

눈은 마음의 창이라고 한다. 거짓말을 할 때 시선을 피하지 않는 사람은 드물다. 피하지 않는다면 움직이기라도 한다. 아무리 좋은 말을 늘어놓아도 시선이 고정되어 있지 않으면 신뢰성이 없어진다. 또한 설득하는 자리에서 시선이 딴 곳으로 가 있으면 힘이 있을 리 없다. 상대에게 시선을 고정한 채 똑바로 뜬 눈은 추진력으로 작용한다.

:: 셋째, 태도가 중요하다

이때의 태도라는 것은 언동을 포함한 전체적인 자세를 말한다. 뭔가 잃어버린 물건이라도 있는 듯이 두리번거리면서 '잘못된다면 제가 모든 책임을 지겠습니다'라고 강조해 봐야 소용없다.

상대에게 신용을 얻지 못하는 것이다. 결코 유창한 말 솜씨는 아니더라도 한마디 한마디에 힘이 들어 있고 성의가 담겨 있으면 반드시 설득에 성공할 수 있다.

설득이란 온 몸으로 할 때 강한 힘을 발휘하는 것이다.

09
직장에서의 화술

◆ **휴가** |　　2주 동안의 휴가를 마치고 돌아온 사원이 2주 동안의 휴가를 또 요청했다. 이번에는 결혼을 하겠다는 것이다.

　사장은 화를 내면서 말했다.

"자넨 2주 동안의 휴가를 보냈잖아. 왜 그때 결혼식을 올리지 않았나?"

"뭐라고요?"

　사원은 정색을 하면서 부르짖었다.

"저의 휴가를 온통 결혼으로 망치란 말씀인가요?"

◆ **직장인과 화술** |　　어느 회사에나 '만년 대리' 또는 '만년 계장'이 있기 마련이다. 그런 '만년'이라는 딱지가 붙은 사람들을 보면 대부분 한두 가지 결점을 지니고 있다. 물론 이 세상에 결점 없는 사람이 있으랴마는, 해마다 승진에서 탈락하는 사람을 보면 직장에서의 언

동에 뭔가 문제가 있는 경우가 많다.

필자가 아는 사람 가운데도 '만년 계장'이라는 명예롭지 못한 별명을 가지고 있는 사람이 있다. 그런데 그 사람은 입사 시험에도 우수한 성적으로 합격하고 입사 동기 가운데 가장 먼저 계장으로 승진한 경력을 가지고 있으니, 만년 계장으로 머물러 있는 것은 불가사의한 일이 아닐 수 없었다. 이런 엘리트 중의 엘리트가 왜 만년 계장으로 전락하여 자료 정리나 하는 한직으로 물러나게 되었을까? 필자는 그 사람의 언행을 자세히 살펴본 결과 바로 화술에 문제가 있다는 것을 알아냈다.

계장이 될 때까지 회사 내에서 그의 능력은 출중하게 빛났다. 회사에 어려운 문제가 생기면 윗사람들이 달려와 그의 의견을 물을 정도였다. 그리고 그때마다 날카로운 분석과 정확한 판단으로 회사 발전에 공을 세웠으니 그의 앞길은 보장된 것이나 다름없었다.

그러나 막상 계장이 되자 그의 단점이 드러나기 시작했다. 자기딴에는 회사를 위해 하는 말이지만 상대에게는 그 말이 독단과 아집으로 비치기 시작했던 것이다. 회사를 위해 꼭 필요한 제안이라고 해도 절차가 있고 분위기라는 게 있는 법인데, 그는 적절한 화술을 구사할 생각은 않고 직설적으로만 표현하곤 했다.

"부장님, 그렇게 하시면 회사가 손해를 보게 되어 있습니다."

"이봐, 자네가 뭘 안다고 나서는 거야? 자네는 계장답게 시키는 일이나 하라고!"

이렇게 직설적으로 나대니 윗사람들로부터 밉보이지 않을 수 없었다. 게다가 아랫사람들은 아랫사람들대로 그를 슬슬 피했다. 이렇게 되니 그는 직장 내에서 점점 소외될 수밖에 없었다.

그는 결국 화술이 모자라는 바람에 그 뛰어난 재능을 발휘해 보지도 못하고 실패한 직장인으로 전락하고 만 것이다.

직장인에게 화술은 이처럼 중요하다. 타인과 조화를 이루고 호흡을 맞추겠다는 생각으로 적절한 화술을 갈고 닦아야 뛰어난 능력을 인정받고 직장 안에서 호감을 받게 되는 것이다. 직장인으로서의 성공 여부는 화술이 좌우한다고 해도 과언이 아니다.

직장 화술의 7계명

그렇다면 어떠한 화술이 바람직한 화술인가. 직장에서 바람직한 화술을 구사하기 위해서는 다음 일곱 가지 기본 원칙을 명심할 필요가 있다.

::**신념에 찬 언행을 보여라**

나폴레옹이 황제 시절, 프랑스 파리에 유명한 갑옷을 만드는 가게가 있었다. 어느 날 나폴레옹은 그 가게로 직접 찾아가 갑옷 한 벌을 주문했다. 황제로부터 직접 주문을 받은 갑옷 만드는 사람은 그 일을 자신의 일생에 영광으로 여겼다. 그래서 아주 가벼운 재료를 특별히 고안하여 정성껏 갑옷을 만들었다.

드디어 약속한 날짜가 되어 나폴레옹이 갑옷을 찾으러 왔다. 그런데 나폴레옹은 갑옷을 입어 보고는 호통을 쳤다.

"이렇게 가벼운 갑옷이 어디 있단 말이냐! 당장에 강철로 다시 만들도록 하라!"

그러나 갑옷 만드는 사람은 조금도 당황하지 않고 신념에 찬 소리로 말했다.

"황제 폐하, 안심하십시오. 이 갑옷은 절대로 총알이 꿰뚫지 못합니다. 만일 제 말을 못 믿으시겠다면 이 자리에서 당장 실험해 보이겠습니다."

갑옷 만드는 사람은 자신이 그 갑옷을 걸치고 다시 말했다.

"황제 폐하, 지금 당장 총으로 저의 가슴을 쏘십시오. 그러면 이 갑옷의 성능을 금세 아실 것입니다."

너무도 당당하고 자신 있는 태도에 나폴레옹은 매우 흡족했다.

"그대의 신념을 내 어찌 믿지 않을쏘냐!"

이와 같이 스스로 자기 일에 대한 확신을 갖고 또 다른 사람에게도 그것을 믿게끔 설득할 수 있다면 직장인으로서 성공할 수 있다. 성공하기 위한 조건으로 자본이나 능력, 그리고 행운도 따라야겠지만, 무엇보다도 신념과 확신에 찬 언행으로 폭넓은 인간관계를 맺어 나가는 것이 중요하다.

뭔가 자신이 없는 사람은 말 한 마디를 하더라도 힘이 빠져 있다. 조리에 맞지 않는 말을 맥없이 지껄인다면 아무리 능력이 출중하고 행운의 여신이 미소를 짓는다 해도 직장인으로서 성공할 수가 없다.

어떤 어려운 문제에 부딪치더라도 자신만만하게 임하는 태도가 중요한 것이다.

:: 긍정적인 태도를 보여라

두 사람의 상사원이 아프리카로 출장을 갔다. 그들은 아프리카에 신발을 수출하기에 앞서 시장 조사차 간 것이다.

그런데 정작 가서 보니 모두들 신발을 신지 않고 그냥 맨발로 살고 있는 것이 아닌가. 두 상사원은 여러 곳을 둘러본 다음 본사로 각각 다음과 같은 텔렉스를 보냈다.

텔렉스 A : 신발 수출은 포기해야겠음. 전원 맨발로 다님.

텔렉스 B : 이곳은 황금 시장임. 전원 맨발로 다님.

같은 조사 내용을 놓고 관점의 차이에 따라 이렇게 달라질 수 있는 것이다. 두 사람 가운데 누가 긍정적인 사고를 지니고 있는가. 그것은 보나마나 두 번째 텔렉스를 보낸 상사원이다.

어떤 일을 하기 위해 많은 준비와 각고의 노력을 아끼지 않으면서도 언제나 부정적이고 소극적인 생각을 하는 사람이 있다.

"글쎄, 잘 될지 몰라……."

그런가 하면,

"응, 잘 될 거야. 걱정없다고!"

하면서 늘 긍정적으로 생각하는 사람도 있다. 이런 두 부류의 태도에는 엄청난 차이가 있다. 무슨 일이고 '글쎄……'를 연발하는 소심하고 부정적인 사람이 호감을 받을 리는 없다. 더구나 그런 사람이 직장에서 성공할 리도 없다.

특히 상사로서 부정적인 말을 부하에게 늘어놓는 사람은 자격이 없는 사람이다. 부정적으로 말하는 것은 주위에 있는 모든 사람에게까지도 실패와 위기 의식을 불어넣는 위험한 화술이기 때문이다.

직장인이라면 적어도 다음과 같이 긍정적인 화술을 구사할 줄 알아야 하지 않을까.

"나폴레옹도 자신의 사전에는 불가능이 없다고 그랬어. 알래스카 에스키모들한테도 냉장고를 팔 수 있는 자신감이 있어야지!"

::포용력 있는 화술을 구사하라

인간을 일컬어 고정 관념의 노예라고 하기도 하지만, 고정 관념이나 편견은 당신의 발전을 가로막는 장애물이다.

물론 직장인에게는 확신에 찬 고집이나 추진력도 필요하다. 그러나 지나친 편견은 곤란하다.

남의 말에 쉽게 귀를 기울이는 가벼움도 문제지만, 남의 의견을 들을 때는 상대의 의견을 존중하는 것도 중요하다. 그렇게 함으로써 당신은 타협의 명수라는 소리를 듣게 될 것이다.

사람에 대한 편견, 자기 생각만이 옳다고 믿는 고정 관념, 이런 것들은 색안경을 쓰고 세상을 보는 것과 같다. 특히 편견에 젖은 발언은 상대에게 마음의 상처를 준다. 설령 자기 마음에 안 맞더라도 함부로 말을 하여 스스로 화를 불러서는 안 될 것이다.

::문제는 대화로 해결하라

문제가 발생했을 때는 항상 대화로써 해결해야 한다.

"당신네 회사는 인쇄도 엉망이고 시간 약속도 잘 안 지키니 더 이상 거래하지 맙시다!"

어느 인쇄소 직원이 납품하러 갔더니 출판사의 담당 직원이 이렇게 트집을 잡으며 거래 중단을 선언했다. 인쇄소의 직원은 아무 소리도 못 하고 물러나오고 말았다.

며칠 후 인쇄소 사장은 출판사의 담당자를 찾아갔다.

"이번에 저희들의 실수가 컸습니다. 뭐라고 죄송한 말씀을 드려야 할지 모르겠습니다. 그런데 이미 지적하신 점 이외에 달리 고칠 점은 없을까요?"

인쇄소 사장의 대화 제의는 다시 거래 관계를 이어 주었으며 더욱 공고한 인간관계로 발전할 수 있었다. 인간관계의 문제를 해결하는 데 대화보다 더 좋은 처방은 없다. 일단 대화를 나누면 마음이 통하기 때문이다.

그런데도 많은 사람들은 문제가 생기면 몸을 사리며 대화를 거부한다. 대화가 단절된 상태에서 문제를 일으킨 장본인들의 인간적 교류가 이루어질 수는 없다. 아무리 까다로운 상대, 아무리 어려운 상황이라도 대화를 단절해서는 안 된다.

:: 여유 있는 마음으로 대화하라

하루는 두 노인이 정자 밑에 앉아 사위 자랑을 하고 있었다.

먼저 한 노인이 말했다.

"아, 우리 사위는 어찌나 성질이 급한지, 어제는 식전에 나가 논에 있는 벼이삭을 빨리 자라지 않는다고 모두 뽑아 놓지 않았겠나."

그러자 다른 노인이 손사래를 치면서 말했다.

"말도 말게. 그건 아무것도 아니네."

"도대체 자네 사위는 성질이 얼마나 급하길래 그러나?"

"우리 사위는 어제 결혼을 해 놓고 아기를 낳지 않는다고 우리 딸을 친정으로 돌려보냈지 않았겠나."

이 말을 들은 노인은 기가 막혀 입을 다물지 못했다고 한다.

요즘 사람들의 특성의 하나는 너무도 바쁜 것이 아닌가 생각된다. 우리나라 사람들이 요즘 러시아로 출장이다 관광이다 하면서 많이 가는데, 러시아 사람들은 우리나라 사람들을 보고 '미스터 바쁘다'로 부른다고 한다.

그러나 바삐 움직인다고 모두 좋은 것은 아니다. 특히 직장에서 비즈니스와 관련해서는 여유 있는 마음으로 천천히 말하는 것이 좋다.

사실 비즈니스는 처절한 경쟁의 연속이다. 경쟁 의식은 사람을 초조하게 만든다. 중요한 판단을 내려야 할 시점에서 초조감 때문에 착오를 일으켜 실패의 나락으로 떨어진 예는 수없이 많다.

비즈니스에서는 남보다 한 발 앞서 나가는 추진력도 중요하지만 자기의 인생을 한발 뒤로 물러나 여유 있게 바라보는 관조의 태도도 또한 중요하다.

비즈니스를 하다 보면 자칫 여유를 잃고 방황할 때가 많다. 그럴 때일수록 말 한 마디라도 여유 있게 해야 한다. 휘파람이라도 불면서 천천히 말하는 여유가 필요하다.

::이미지를 파는 화술을 개발하라

일본 프로 야구에서 강타자로서 이름을 떨친 재일 동포 장훈 선수에 관해서는 야구에 별 관심이 없는 사람이라도 잘 알 것이다. 그 장훈 선수에 관한 재미있는 일화가 있다.

선수로서 막 이름을 날리기 시작할 무렵 그는 아파트를 한 채를 구입하기로 했는데 자금이 모자랐다. 은행 대출을 받아야겠다고 생각한 그는 무작정 거래 은행 지점장을 찾아갔다.

"장훈 씨, 우리 은행에서는 담보 대출을 원칙으로 합니다. 무슨 담보를 가지고 오셨는가요?"

지점장의 말에 장훈 선수는 커다란 가방 속에서 야구 배트를 끄집어냈다.

"이것이 나의 담보입니다."

야구 배트 하나의 가격이라고 해 봤자 단돈 몇 십만 원 아닌가. 그런데 그것을 담보로 세우겠다니.

그런데 지점장의 얼굴은 그게 아니었다. 지점장은 웃으면서 손을 내밀었다.

"좋습니다, 장훈 씨. 당신의 배트를 담보로 하고 대출해 드리지요."

이렇게 해서 장훈 선수는 배트 하나로 은행 대출을 받을 수 있었다. 이때 장훈 선수가 담보로 내세운 것은 과연 단순한 배트 한 자루였을까? 아니다. 그가 내세운 담보는 프로 야구 강타자로서의 자신의 이미지였다. 배트는 단지 그 이미지를 상징하는 물건에 지나지 않았다.

이와 같이 상품보다는 자신의 이미지를 파는 화술이 중요하다. 상대에게 어떤 이미지를 심어 주느냐 하는 것이 비즈니스의 성패를 좌우한다. 상대에게 하는 말 한 마디, 행동 하나하나가 호감을 주고 깊은 인상을 주어야 한다. 그것이 품질이 높은 상품을 만드는 것 이상으로 중요하다.

이러한 경우는 직장인 개인개인뿐만 아니라 회사 전체적인 입장에서도 마찬가지다. 회사가 별로 알려지지 않았을 때는 잘 팔리지 않던 상품이, 세월이 흘러 회사가 대기업이 되자 덩달아 유명해져 날개 돋친 듯 팔려 나가는 경우를 흔히 본다. 회사의 이미지가 그 상품의 이미지를 함께 높여 놓았기 때문이다.

:: 실패를 성공으로 이끌어라

실패는 성공의 어머니란 말도 있듯이, 실패했을 때 어떻게 처신하느냐에 따라 진정한 성공과 실패가 판가름이 난다. 사업을 하거나 직장 생활을 하다 보면 어느 정도의 실패는 불가피하다. 그렇다고 몇 번의 작은 실패에 기가 꺾여 의기소침하거나 좌절해서는 안 된다.

"물에 빠졌다고 다 익사하는 것은 아니다. 다만 일찍 자포자기하는 사람만이 죽을 것이요, 살겠다고 발버둥치는 사람은 살아남을 수 있다."

미국의 한 성공학 강사가 자신의 경험에 비추어 한 말이다.

실패했을 때일수록 더욱 태연한 모습의 담력과 화술을 보여 주어야 한다. 인간은 누구나 겉에 보이는 것, 들리는 것만으로 상대를 평가하는 법이니까.

필자의 가까운 친척 가운데 종로에서 귀금속 도매상을 하는 사람이 있다. 그는 소매상이나 백화점 귀금속 코너에서 주문이 오면 자신이 직접 상품을 갖다 주곤 했는데, 어느 날 한 백화점에 납품을 하러 갔다가 가방을 통째로 도둑맞고 말았다. 지하 주차장에 세워 둔 자동차의 트렁크를 부수고 보석 가방을 훔쳐가 버린 것이다. 누군가 그의 일상 행적을 알아 두었다가 계획적으로 저지른 범행으로 추정되었다.

그 가방 속에는 1억 원 상당의 귀금속과 현금이 들어 있었다. 이 사건으로 그의 사업은 끝장나고 당장 빈털터리가 되어야 할 형편이었다.

그러나 그는 사건 다음날 태연히 가게에 나타났다. 오히려 머리를 싸매고 누워 있는 부인을 추슬러 주면서,

"우리가 여기서 주저앉으면 다시는 일어설 수 없지 않소. 게다가 우리를 믿고 물건을 맡긴 고객들 문제부터 해결해 주어야 하지 않소."

도둑맞은 가방 속에는 수리나 재가공을 위해 고객들이 맡긴 귀금속도 상당량 들어 있었던 것이다.

종로 일대는 우리나라 귀금속 도매상들이 집중적으로 모여 있는 곳이다. 그곳의 동업자들 사이에는 이미 그 사건이 다 알려져 있었다. 신문과 방송에서 이미 보도가 되었기 때문이다.

그런 터에 그가 아무 일 없다는 듯이 가게에 나타나자 동업자들은 혀를 내둘렀다. 동요하던 가게 직원들조차 그의 담력에 감탄했다.

그는 먼저 고객들에게 전화를 걸었다. 그리고 사정 이야기를 설명한 다음 이렇게 말했다.

"지금 당장 잃어버린 귀금속을 보상해 드릴 형편은 못 됩니다. 그러나 조금만 참고 기다려 주신다면 저의 모든 것을 바쳐서라도 손님에게는 손해가 없도록 해 드리겠습니다. 물론 손님 개인적으로는 그 보석에 특별한 애착을 가지고 계셨겠지만, 다음에 제가 그보다 더 훌륭한 보석으로 손님의 서운함을 갚아 드리겠습니다."

이 한 마디에 고객들은 그를 믿었을 뿐만 아니라 오히려 위로와 격려를 보냈다. 그리고 동업자들도 그를 새로운 시각으로 대하기 시작했다.

'저 정도 친구라면 틀림없이 성공하고 말 거야.'

그 날 이후로 그의 사업 밑천은 신용 하나뿐이었다. 거래처에서는 실패를 딛고 일어서려는 그의 용기 하나만을 믿고 물건을 외상으로 대어

주었으며, 직원들은 어려운 사정을 알면서도 동요하지 않고 묵묵히 따라 주었다. 소문을 듣고 거래 관계를 새로 맺고자 하는 소매상도 더 늘어났다.

이렇게 하여 그는 실패를 딛고 일어설 수 있었다. 지금은 귀금속 도매상뿐만 아니라 보석 가공 공장까지 차려 자체 상표를 시장에 내놓는 탄탄한 중소기업의 사장이 되어 있다.

사실의 정확한 전달

거래처에 다녀온 사원이 상사에게 결과를 보고하는 자리였다.

"다녀왔습니다."

"응, 수고했네. 그래, 어떻던가?"

"오늘 지독하게 덥습니다. 잘 됐다고 생각됩니다만……."

"한 건 올렸단 말이지? 잘 돌아가던가?"

"겨우 사장을 만났죠. 웬일인지 기분이 좋아 보인다 싶었더니 바둑 얘기에 귀가 아플 정도였죠."

"맞아, 그분의 기력이 3급이라고 했던가, 그래서?"

"어제도 오후에 근처 기원에 갔었답니다. 낮에 기원에나 다니고…… 팔자가 정말 늘어졌습니다. 기원에서 맞수를 만나 내기 바둑을 두었는데 자그마치 세 판을 내리 이겼다더군요."

이쯤 되면 상사인 과장은 들고 있던 볼펜 끝으로 책상을 툭툭 치기 시작한다. 내버려 두면 바둑 이야기로 날이 저물게 생겼다.

"그 사장이 바둑 좋아하는 거야 세상이 다 아는 일이야. 요전번 가져간 제안서에 관해서는 말 없던가?"

"아, 그 제안서 말이죠…… 별다른 얘기는……."

"별다른 얘기라니? 그럼, 자넨 할 일이 없어서 제안서 작성하느라 철야했나?"

"미안합니다. 그런데 가 보니 그 사장님 책상 위에 놓여 있었으니 아마 봤을 겁니다. 틀림없이……."

"봤을 것입니다? 것입니다…… 이봐, 정신 좀 차리라고."

"아닙니다. 그 사장은 전부터 사무 자동화에 관해 관심이 많았으니까요. 귀찮을 정도로 질문도 하지 않았습니까? 카탈로그도 여러 회사 것들을 산더미처럼 수집해 놓았던 걸요, 뭐."

"뭐라고, 여러 회사 카탈로그? 자네 정신이 있어?"

"참, 그 일은 요전번 식당에서 부장님한테 충분히 설명드렸는데요."

"뭐, 부장님? 이봐, 자네 과장은 누군가?"

외출에서 돌아온 이 사원은 과연 할 일을 다 했고, 필요한 내용을 필요한 사람에게 필요한 만큼 알린 것일까? 거래처 사장을 만난 것으로 끝나고 바둑 이야기에 함께 들떠 본래의 목적은 잊어버린 모양이다.

이런 사원에게 일을 맡겼다가는 앞날이 뻔하지 않겠는가.

보고란 그 보고를 받는 사람이 보다 나은 판단과 행동을 하는 데 필요한 정보인 것이다.

그럼에도 불구하고 흔히 보고를 받는 사람의 태도가 부드럽다고 해서 앞뒤 맥락도 없이 잡담부터 시작해서 생각나는 대로 중얼대다 보면 필요한 부분을 빠뜨리거나 희석시킬 위험이 있다. 뿐만 아니라 자기의 추측이 사실인 양 전달되기도 한다.

어느 누구도 필요한 정보를 단독으로 수집하지는 못 한다. 설령 가능하다고 해도 그것은 극히 비효율적인 방법이다. 특히 조직이 클수록 이런 경향은 강해진다.

그래서 상하 간에는 명령과 지시와 보고라는 공식적인 커뮤니케이션 경로가 필요하다. 보고의 기본은 정확한 사실 전달이다. 상사가 자신이 직접 사실 확인을 못 하기 때문에 부하의 눈이나 귀를 통해 확인하는 것이다.

물론 사실의 전달 외에도 보고자의 감정이 첨가될 수도 있다. 그러나 그 한계를 명백히 하고 정리된 상태로 보고해야지, 그렇지 않으면 오히려 마이너스 효과를 가져온다.

먼저 냉정한 눈과 귀로 확인한 사실을 정확하게 전달한 다음, 의견이나 감정을 단서 형식으로 진술하는 것이 바람직한 보고 요령이다.

"과장님, 적당히 처리해 놓았습니다."

"잔고가 별로 없는 편입니다."

"거의 다 돼 갑니다. 곧 끝날 겁니다."

이런 식으로 애매모호하게 보고하는 것도 문제가 있다.

이런 보고를 하는 사람은 왠지 우유부단하고 패기가 없는 사람으로 보이기 십상이다.

말 한 마디라도 정확하게 표현하고 구체적인 행동으로 자기 표현을 하는 부하가 아무래도 믿음직스럽지 않겠는가.

결과부터 먼저 보고하라

일단 지시 명령을 내린 사람은 그 결과가 궁금한 법이다. 조직의 중요한 위치에 있는 사람일수록 빠른 보고를 기다린다.

따라서 보고시에는 먼저 결과부터 꺼내는 습관을 갖는 게 좋다. 가령 멋없는 보고의 예를 들어 보자.

"다녀왔습니다."

"수고했네. 먼 길에 힘들었지?"

"길이 막혀 차가 움직여야 해먹죠. 국도를 타고 갔으면 싶었는데 같이 가기로 한 김 주임과 연락이 잘 안 돼서 급한 김에 고속도로를 탔더니…… 시작부터 한 30분 늦었습니다. 그래서……."

교통 체증 때문에 늦었고, 동행과 연락이 안 돼 출발부터 늦었고, 또 현장에 갔더니 담당자가 자리에 없어서 어쩌고 하면서 변명을 자랑처럼 늘어놓으면 상사의 이마에 힘줄이 꿈틀거리게 마련이다.

"그때 바로 출발해서 국도를 달렸으면 30분 거리밖에 안 돼, 어쨌건 현장에서 뭐가 문제였나?"

"네, 벌써 끝났습니다."

"끝나? 원인은 뭐였나?"

"잘 모르겠습니다."

"몰라? 그럼 뭐 하러 갔었나?"

"그래서 김 주임더러 현장에 남아서 더 조사하라고 했습니다."

"그럼 그렇다고 그것부터 말해야지, 무슨 잠꼬대야. 그럼 됐어, 앞으론 내가 직접 내려가 봐야지, 이거야 원……."

이로써 이 사원은 신뢰가 땅에 떨어지고 마는 것이다.

출장에서 돌아왔을 때는 보고 순서를 생각해야 한다.

"다녀왔습니다."

"수고했네. 먼 길에 혼났지?"

"네, 조금 늦었습니다만 문제점은 해결되었습니다. 동행한 김 주임더러 원인 조사를 한 후 올라오라고 했습니다. 약 3시간 후면 정확한 보고가 가능할 것입니다."

"음, 수고했네."

똑같은 보고라도 전자와 후자 중 어느 것이 효과적인지는 금방 알 수 있으리라.

구두 연락도 꼭 확인을

"말할 때 뭐 들었나? 어제 내가 틀림없이 말했잖아? 오늘 회의에 그 서류가 필요하다고……."

"언제 말했습니까? 회의 시간이 변경됐다고는 했지요."

"바로 그 다음에 말했잖아?"

"천만에! 그런 말씀 못 들었습니다."

이런 실수는 안이한 구두 연락에서 자주 일어난다. 이런 사소한 실수가 특히 대외적인 것이라면 큰 문제로 비약할 수도 있다.

구두 연락에서 중요한 것은 상대가 들을 자세를 갖추고 있느냐와, 연락 내용을 확인하는 데 있다. 회사 내에서는 서로 시간을 다투는 바쁜 입장이다. 전하는 도중에 전화도 받는 등 차분히 설명할 시간도 제대로 없는 것이 조직의 업무이다.

　이런 사실을 염두에 둔다면 구두 연락만 해 놓고 상대가 제대로 이해했으리라고 생각하는 것이 어리석다. 그렇다면 상대로 하여금 확실히 듣게 하기 위해서는 어떻게 해야 할까. 중요한 이야기니 꼭 들으라고 분명한 의사 표시를 해야 할 것이다.

　마음이 놓이지 않으면 복창하도록 요구하고, 그래도 확신이 안 서면 문서로 전달한 후 읽어 봤는지의 여부를 인터폰 등으로 확인해야 한다. 바쁘게 돌아갈 때의 연락은 이 정도로 해도 지나치지 않다. 바쁠수록 돌아가라는 말은 이를 두고 하는 말이다. 또 복잡한 내용의 연락 사항은 가능한 한 상대가 여유 있을 때 전하는 것도 한 방법이다.

지시는 정확하게

　총무과장이 부산으로 출장을 떠나게 되어 부하 직원에게 차표 예매를 지시했다.

　"이번 금요일에 전무님 모시고 부산 출장을 가게 되었어. 수고스럽지만 자네 서울역에 가서 그 날 10시에 떠나는 부산행 KTX차표 두 장을 특석으로 끊어 오게."

　"네, 알았습니다."

　1시간 가까이 되어서 그 직원으로부터 전화가 왔다.

　"과장님, 저 지금 서울역에 와 있습니다. 그런데 과장님께서 말씀하신 금요일자 부산행 KTX 특석은 매진되고 일반석밖에 없습니다. 어떻게 할까요?"

"특석은 다 팔리고 일반석밖에 없다고?"

"네, 그렇습니다."

"이거 난처하게 됐군. 어떻게 한다…… 일반석밖에 없다면 할 수 없지, 뭐."

그리고 전화를 끊었다. 그리고 약 1시간 후 직원이 회사로 돌아왔다.

"다녀왔습니다."

"어, 수고했군. 그래, 차표는?"

"네? 일반석밖에 없다면 할 수 없다고 하시길래……."

"뭐야? 그럼 사 오지 않았단 말이야? 이런 명청한 친구. 특석이 없으면 일반석이라고 사 와야지 그냥 오면 어떡해? 당장 다시 갔다 와!"

이 직원은 과장의 '일반석밖에 없다면 할 수 없다'는 말을 듣고 빈손으로 돌아왔던 것이다. 이런 일이 회사에서 자주 일어나는데, 과연 잘못은 누구에게 있을까.

물론 말을 불분명하게 한 상사에게 책임이 있지만, 대부분의 경우 욕을 얻어먹는 사람은 부하이다.

직장에서의 화술은 정확성이 생명이다. 특히 상사가 부하 직원에게 무슨 일을 지시할 때는 더욱 정확해야 한다.

10
전화 통화시의 화술

✦ 허세

막 진급한 육군 대령이 사무실에 앉아 있는데 사병 한 명이 노크를 하고 들어왔다. 그러자 대령은 점잖게 수화기를 들면서 말했다.

"잠깐만 기다려. 중요한 전화를 하고 있는 중이야."

대령은 다이얼을 돌리고 나서 수화기에 대고 말했다.

"아, 장군님이십니까? 감사합니다. 네, 그럼 저녁에 뵙겠습니다."

대령은 이윽고 수화기를 내려놓고 사병을 바라보았다.

"그래, 무슨 일인가?"

"오래 걸리진 않습니다. 대령님. 그 전화선을 연결해 드리려고 왔습니다."

✦ 전화 목소리는 곧 인품이다

비즈니스에 능숙한 사람은 전화 통화에서조차도 빈틈이 없는 법이다. 남을 끌어당기고 마음을 잡아 두는 감성이 전화 목소리라고 달라지지 않으며, 일과 사람에 대한 성의와 사회적 훈련의 정도가 음성이나 단어, 대화 요령, 어조 등에 뚜렷이 나타난다.

따라서 그 사람이 얼마나 비즈니스에 뛰어난 사람인가는 몇 마디 오가는 전화 통화만 듣고도 충분히 알 수 있다. 씨름판에서 상대의 어깨와 부딪쳐 보면 상대의 실력을 짐작할 수 있는 것과 마찬가지이다.

어느 회사 가전 제품 영업부의 최 부장은 수화기를 들 때 허리를 곧게 편다. 뿐만 아니라 어느 사이에 입 주위에는 미소가 떠올라 있다. 한 마디로 보이지 않는 상대를 향한 적극적이고도 정중한 태도가 역연하다.

우리가 상대의 기분을 음성으로 알아차리듯 상대도 이쪽 기분을 음성으로 알아차린다는 것이다. 그래서 최 부장은 먼저 미소를 머금고 수화기를 든다고 귀띔한다. 때를 가리지 않고 좋은 기분으로 수화기를 들 수 있는 사람이라면 스스로 감정을 관리할 수 있는 사람이다.

<u>적극적으로 일하는 사람은 늘 밝고 힘 있는 음성을 낸다.</u> 즉, 당신은 목소리만으로도 당신의 능력과 신뢰감을 상대에게 심어 줄 수 있는 것이다. 목소리만 들리는 전화 통화에서 개성을 담아 연출하는 것도 실력의 하나이다.

❖ 요령 있게 통화하라

일상적인 안부 전화가 아닌 업무 목적의 전화는 기껏해야 몇 분 정도의 통화로 끝나는데, 이 짧은 통화 시간에 하고 싶은 내용을 알기 쉽게 설명할 수 있다면 당신은 직장에서 꽤 능력을 인정받는 사람일 것이다.

　반면에 통화 중이나 통화가 끝난 후 무슨 말을 하기 위해서 전화했는지 모르겠다고 느낀다면 당신은 요령부득인 사람으로 낙인 찍히게 된다. 가령 당신이 다음의 어느 사항에 해당한다면 요령부득인 사람의 부류에 속하게 된다. 그리고 그 부류에서 탈출하기 위해 구체적인 훈련을 쌓아야 할 것이다.

　　첫째, 수화기를 붙들고서야 뒤늦게 필요한 말을 찾아내려고 노력한다.
　　둘째, 급하지도 않은 내용을 재빨리 말해 버린다.
　　셋째, 통화 중에 스스로 무슨 말을 하는지 잘 모른다.
　　넷째, 자초지종을 모두 이야기하지 않고는 본론에 들어가지 못한다.

　만약 당신에게 이런 증세가 보인다면 머릿속에서 필요한 것과 필요 없는 것을 정리하여 버릴 것은 버리고 필요한 부분은 다시 중요도에 따라 정돈하는 훈련을 해야 한다.

　이때 가장 중요한 것은 한 마디로 요약하는 훈련이다. 먼저 메모를 한 다음, 그 내용을 정확하게 전달하는 데 장애가 되는 부분이라든가 오해하기 쉬운 부분은 없는가 등을 검토한다. 그리고 이런 말을 할 때 상대는 무엇을 알려고 할 것인가를 상대 입장에서 추측해 본다.

　이 글을 쓰면서 필자 주변 사람들의 전화 습관을 돌이켜보니, 요령 있게 설명을 잘 하는 사람일수록 메모를 자주 하고, 요령부득인 사람 일수록 다짜고짜 수화기부터 집어 든다는 사실을 알 수 있다.

　통화 내용을 메모할 때는 6하원칙언제·어디서·누가·무엇을·어떻게·왜과 함께 끝에는 '수량'을 빠뜨리지 않는 것이 바람직하다. 비즈니스에서는 수량이 중요한 변수가 될 때가 많기 때문이다.

또한 얼굴을 맞대고 말할 때는 제대로 마음속의 말을 털어놓지 못하다가도 전화로는 서슴없이 감정을 노출하는 사람이 있는데, 이런 태도로는 성공의 기회를 놓치기 십상이다.

◆ 전화를 걸 때는 상대의 사정을 염두에 둔다

전화는 손만 뻗으면 아무 때나 필요한 말을 전할 수 있는 장점이 있다. 그러나 전화를 받는 사람의 시간대도 고려해야 한다. 가령 한밤중에 걸려 오는 전화 벨 소리만큼 사람을 놀라게 하는 것도 없지 않은가.

다시 말해서 전화를 통해 전달 내용도 중요하지만 전화를 걸고 받는 시간도 염두에 두어야 한다. 중요한 시간을 빼앗기거나 중요한 일을 중단당하는 것을 좋아할 사람은 아무도 없다. 피치 못할 사정으로 바쁜 상대와 꼭 통화를 하게 되면 상대의 시간을 빼앗아서 미안하다는 마음을 담은 사과를 먼저 해야 한다.

전화를 걸었는데 상대가 회의 중이라고 해도 기어코 바꿔 달라고 억지를 부리는 사람이 종종 있다. 통화하고자 하는 상대가 회의 중이라면 '다시 전화하겠습니다' 하고 일단 끊는 것이 예의이다. 시간을 지체할 수 없는 긴급한 용건이라면 '죄송합니다만 ……건으로 전화했습니다. 메모를 좀 전해 주시기 바랍니다' 라며 부탁하는 것이 좋다.

회의 중임에도 불구하고 상대가 시간을 내어 전화를 받는 경우도 있다. 이때는 '회의 중에 죄송합니다. ……건으로 상의 드리려고 하는데 지금 괜찮겠습니까?' 혹은 '……의 설명을 하고 싶은데 5분쯤 시간을 낼 수 있겠습니까?' 하는 정도의 예의를 갖추어야 한다. 그 내용이 회의를 중단하고 들어야 할 정도로 중요하냐 아니냐의 판단은 상대가 내려야 하기 때문이다.

이때 상대가 "아, 그 이야기라면 회의가 끝난 다음에 다시 전화해 주십시오"라고 말하면 회의의 종료 예정 시간을 알아 두고 전화를 끊어야 한다. 또 5분만 시간을 달라고 해 놓고 끝도 없이 통화를 길게 하는 것은 될 일도 안 되게 하는 역효과를 가져올 수가 있다. 그리고 일반적으로 다음의 시간대에는 전화 거는 것을 삼가는 것이 좋다.

> 첫째, 점심 시간에는 되도록 전화를 걸지 마라. 상대의 점심 휴식을 방해할 뿐만 아니라 그만큼 오후 업무를 지체시킨다.
> 둘째, 퇴근 시간 직전에는 전화를 걸지 마라. 퇴근하려고 정리하는 중에 걸려 오는 전화는 신경을 건드린다. 특히 사적인 중요한 약속이 있을 때는 더욱 그렇다.
> 셋째, 월요일 업무 시작 시간부터 30분 동안은 전화를 걸지 않는 게 좋다. 이때는 어느 직장이나 대개 회의 중이기 때문이다.

고객의 불만을 달래는 전화 화술

"네, 애프터 서비스 담당입니다."

"난 당신네 회사 복사기를 산 사람인데 또 고장이란 말이오! 이게 도대체 몇 번째요? 지난번에 AS를 제대로 했다면 이럴 리가 없잖소! 아무래도 불량품이야, 불량품!"

"그럴 리가 없습니다."

"뭐, 그럴 리가 없어? 말이면 다요? 지금 고장이 나서 못 쓰고 동네 문방구에 복사하러 몇 번씩 왔다 갔다 하는지 알기나 해! 오늘 하루를 완전히 망쳤단 말야!"

수화기 저편에서 날아오는 총알 같은 항의…… 제품을 판매하는 업체에서는 자주 겪는 상황이다.

그런데 여기서 애프터 서비스 담당자의 대꾸 가운데 짚고 넘어가야 할 부분이 있다. '그럴 리가 없습니다' 라는 한 마디는 회사를 사랑하는 정신에서 무심코 나왔겠지만, 결국은 소비자의 불만에 불을 지르는 말이 되고 말았다. 소비자는 이미 자신이 산 제품이 불량품이라는 판단을 내리고 있다. 그런데 그럴 리가 없다고 했으니, 소비자의 말을 곱게 받아 주는 것이 아니라 거부하는 셈이 되었다.

소비자는 지금 울화통의 발산처를 당신의 회사로 겨냥하고 있다. 따라서 이런 경우에는 소비자의 불만을 남김없이 시원스럽게 표출하도록 유도하는 방법이 가장 이상적이다. 상대는 현재 자기 말 이외에는 그 어떤 말도 귀에 들어오지 않는다. 그러니 이쪽에서 뭐라고 해 봤자 아무 소용이 없다. 대화에서는 먼저 상대의 기분을 알아차려 상대의 입장에서 그 본뜻을 이해하도록 하는 마음가짐이 중요하다. 고분고분 받아 주다 보면 상대의 의중도 알게 되고 대책도 자연히 떠오르게 된다.

상대의 말을 고분고분 들어 주면서도 '그렇습니까?' 혹은 '네, 잘 알겠습니다' 하는 식으로 중간중간에 적절한 맞장구를 치는 것을 잊어서는 안 된다. 서로 얼굴이 보이지 않는 전화 통화에서는 상대가 아무

대꾸가 없으면 더욱 분통이 끓어오르기 때문이다. 혼자서 고개만 끄덕이고 있으면 상대는 틀림없이 '지금 듣고 있는 거요?' 하고 발끈할 것이며, 그 다음 말은 더 감정적이 될 것이다.

일반적으로 소비자의 불만에 대처하는 화술을 익혀 두어야 한다. 대표적인 예를 들면 다음과 같다.

사례

"한 시간 전에 떠났으니 조금만 더 기다려 주십시오. 교통 체증으로 사정이 여의치 못한 듯합니다. 죄송합니다(약속한 물건이 아직 배달되지 않았다는 불만 전화일 때)."

"말씀해 주셔서 감사합니다. 앞으로는 품질 관리에 더욱 신경을 쓰겠습니다(불량품에 대한 불만 전화일 때)."

"원가 절감에 더욱 노력하겠습니다. 전화해 주셔서 감사합니다(가격에 대한 불만 전화일 때)."

위의 사례 외에도 여러 가지 경우의 불만이 있겠지만, 아무튼 상대의 격앙된 기분을 가능한 한 거슬리지 않는 말로 대해야 한다. 그리고 이러한 말에는 성의가 들어 있어야 한다. 성의 없이 건성으로 대한다고 저쪽에서 느끼게 되면 상대의 불만은 오히려 더 불어날 것이다.

대답하기 곤란한 전화가 걸려 왔을 때

상사의 스케줄이나 행선지 등을 묻는 전화가 외부에서 걸려 올 때가 있다. 원칙적으로 이런 전화에 대해서는 명확한 답변을 피해야 한다.

'잠깐 외출 중이십니다'라고 대답해도 '어디에 가셨느냐?' 혹은 '내일 스케줄은 어떤가?' 하는 식으로 집요하게 묻는 경우도 있다. 이런 경우라면 일단 상대의 신분에 대해 의심해 볼 필요가 있다. 그리고 곧이곧대로 대답하지 말고 상대가 원하는 것이 무엇인가를 상대의 질문 가운데서 찾아내야 한다.

"곧 연락을 취해 드리겠으니 선생님의 연락처와 통화 가능한 시간을 알려 주십시오."

이렇게 대답하면 상대의 집요한 물음을 어색하지 않게 벗어날 수 있다. 동료 사원의 개인적인 신상에 관한 질문도 곧이곧대로 대답해서는 안 된다. 그런 전화가 걸려 오면 회사의 사규를 내세우는 것이 가장 바람직하다.

"○○○ 씨의 자택 전화번호를 알 수 있을까요?"

"죄송합니다. 우리 회사는 사원의 개인적인 사항에 대해서는 본인의 승낙을 먼저 받든가 아니면 본인이 직접 대답하도록 되어 있습니다."

"늘 신세 지고 있어서 선물이라도 보낼까 해서입니다."

"감사합니다. 확인하고 난 후 다시 연락하겠으니 연락처와 성함을 알려 주십시오."

회사가 사원의 개인적인 사항을 밝히지 않는다고 해서 실례가 되지는 않는다.

최근에는 위와 같은 수법으로 기업이나 개인의 정보를 수집하는 사례가 많다고 한다. 따라서 기업의 비밀이나 개인의 정보를 수집하는 듯한 인상이 풍길 때에는 단호하게 전화를 물리쳐야 한다.

"제 입장에서는 말할 사항이 안 되는 듯합니다."

이러한 단호함이 없으면 자신도 모르는 사이에 기업의 비밀을 외부에 누설할 우려가 있다.

상대의 판단을 돕도록 구체적으로 전달한다

"여보세요, 병원이죠? 우리 집 애가요, 지금 열이 무지무지하게 나고 배가 아프고 토하고 막 야단이에요. 지금 다 죽어 가요. 제발 빨리 빨리……."

급한 마음에 이렇게 병원에 전화했다고 하자. 이때 의사가 경험 많고 능숙하다면 이렇게 대꾸할 것이다.

"네, 아이가 몇 살이죠? 남자애입니까 여자애입니까? 어디가 어떻게 아프다고 하던가요? 지금은 어떻습니까?"

이렇게 되묻다 보면 아까운 시간만 낭비하게 된다. 처음부터 정확하게 증상을 알려 주면 응급조치를 그만큼 빨리 받게 된다.

"다섯 살 된 계집아이입니다. 어젯밤부터 열이 오르더니 섭씨 39도까지 올랐습니다. 처음에는 복통과 구토증을 보였는데 지금은 복통은 없나 봅니다. 기운이 없이 늘어졌습니다. 배꼽 밑과 사타구니 쪽을 만지면 몹시 아프다고 합니다."

전화로 이렇게 일러 주면 의사는 대부분 판단이 설 것이다. 그런데 막무가내로 '열이 무지무지하게 나고 지금은 다 죽어 가요'라고 한다면 의사가 진료 준비를 제대로 할 수 있을까.

환자의 증상에 국한된 문제가 아니다. 업무 연락, 고장 연락, 사고 연락 등 모든 연락은 연락하는 사람의 전달 능력에 따라 판단과 사후 처리가 달라진다. 정보는 필요한 때에 상대가 이해하기 쉽도록 정확히 설명해야 한다.

즉, 구체적인 정보가 전달됨으로써 비로소 판단이 가능해진다. 판단을 돕기 위해서는 아무리 시급해도 빠뜨리지 말아야 할 몇 가지 원칙이 있다.

첫째, 이야기의 순서가 중요하다. 중요한 것부터 먼저 말하는 방법, 전체의 상황에 이어 부분의 상황을 전달하는 방법, 시간의 경과에 따라 설명하는 방법 등이 있다.

둘째, 이미지가 선명하도록 구체적으로 전달한다. '무지무지한 열' 보다는 섭씨 '39도' 라고 표현하는 것이 더 구체적이다.

셋째, 상대의 이해 수준에 맞춘다. 직장 동료들끼리만 통하는 특정 용어나 최근에 유행하는 뉘앙스가 다른 말, 특정 지방의 독특한 방언 등은 삼가야 할 말이다. 상대로 하여금 충분히 이해할 수 있고 어떤 상황에 처해 있는지 곧 납득할 수 있는 수준으로 엮어 나가야 한다.

넷째, 오해하기 쉽거나 강조해 둘 부분은 다시 확인한다. 사람의 이름을 전달하는 경우 잘못 알아듣기 쉬운 발음은 예를 들어 가면서 다시 발음해 준다. 가령 '제 이름은 이동휘입니다' 라고만 말하면 상대가 '이동희' 로 알아들을 가능성이 높지만, '끝의 '휘' 자는 '휘발유' 할 때의 '휘' 자입니다' 라고 말하면 잘못 들을 염려는 절대 없다. 숫자를 전달할 때도 마찬가지로 반드시 확인하거나 강조하는 습관을 들여야 한다.

장난기 섞인 전화는 유머와 재치로 대한다

"네, 감사합니다. ○○지사입니다."

"나, 지사장 친군데 지사장 있나?"

"친구 누구시라고 전해 드릴까요?"

"꺽다리라고 그러면 알아."

"네? 꺽다리 선생님이시라고요? 이름을 알려 주세요."

"이봐, 잘 아는 사이라니까!"

"별명 말고 이름을 말씀하세요!"

장난기가 섞인 전화에 이렇게 고지식하게 대꾸하는 사람이 많은 편이다. 물론 그런 전화를 건 지사장 친구에게 근본적인 문제가 있지만, 전화를 받는 사람도 어딘가 매끄럽지 못해 보인다.

이런 전화에 대해 가령 다음과 같이 응대하면 어떨까.

"꺽다리라고 그러면 알아."

"네, 꺽다리시라고요. 죄송하지만 꺽다리라면 왕년의 그 유명한 코미디언 아닙니까? 그런데 그분은 미국에 이민 간 걸로 알고 있는데, 다음번 전화 주실 때는 곧바로 알아맞히겠습니다. 이번만은 성함을 말씀해 주시지요."

이렇게 유머와 재치를 곁들여 대꾸하면 상대도 웃기 마련이다. 그리고 자연스럽게 자신의 이름을 밝히지 않을 수 없다. 대체로 높은 사람과 가까운 친구들은 전화를 받는 여사원에게 농담 한두 마디쯤 하고 싶어한다. 이때 이름을 말하라고 심문조로 대꾸하면 머쓱해지고, 다음에 그 직원의 상사를 만나면 은근히 불만을 토로할 것이다. 그러나 위에서처럼 재치 있게 대답하면 한순간 어리둥절했다가도 곧 그 직원의 유머 감각을 높이 평가하고 칭찬할 것이다.

✤ 전화는 효율적으로 활용하라

전화가 편리하다는 것은 새삼 말할 필요도 없다. 그러나 이 편리함 때문에 대화할 상대가 자리에 없으면 곧잘 다시 걸겠다는 말만 남기고 끊어 버린다. 나중에 다시 거는 일이 어렵지 않기 때문이다.

그러나 이것은 용건 자체가 조금도 진전되지 못한 상태임을 알아야 한다. 상대가 없을 때 무슨 말을 해 두면 그 용건이 진전될 것인가를 미리 생각할 필요가 있다.

"송 과장님께 상의할 것이 있는데, 저도 지금 외출해야 하니 상의할 내용을 미리 팩시밀리로 보내겠습니다. 송 과장님께 4시 이후에 다시 전화하겠다고 전해 주십시오."

이렇게 전하고 자료를 팩시밀리로 보내 주면 다음에 전화를 걸 때까지 상대 쪽에서 용건을 검토할 수 있다.

그런가 하면 전화를 받는 쪽에서도 마찬가지다.

"네, 총무부의 ○○○입니다."

"안녕하십니까? ○○사의 최 부장입니다. 부장님 계십니까?"

"마침 출타 중입니다."

"상의 드릴 것이 있어서 내일 저녁 식사라도 함께 했으면 싶어서 전화 드렸습니다만……."

"그렇습니까? 지금 곧 연락을 취하도록 하겠습니다마는, 내일 저녁 사정이 여의치 못하시다면 언제쯤이 좋겠습니까? 결과는 오늘 오후 6시까지 다시 연락드리겠습니다. 회사로 연락드리면 되겠습니까?"

"네, 그렇게 부탁합니다. 제가 자리에 없을 경우엔 행선지를 일러 두겠습니다."

"네, 6시까지는 틀림없이 연락드리지요. 감사합니다."

이처럼 상사가 외출 중일 때라도 업무에 지장이 없도록 연락하는 것이 중요하다. 단지 상대가 한 말을 옮기는 정도로 그친다면 개인으로서나 조직의 구성원으로서나 바람직하지 못한 결과를 가져온다. 물론 상사에게 걸려 오는 전화뿐만 아니라 동료나 부하 직원에게 전화가 걸려 왔을 때도 마찬가지이다.

편리한 전화를 더욱 효율적으로 활용하면 당신의 성공은 보장받을 수 있다.

11
회의에서의 화술

❖ 어떤 이사회 |
어느 큰 회사에서 상당한 액수의 돈을 따로 적립해 두었다가 이사회가 열릴 때마다 출석하는 이사들에게만 그 돈을 균등하게 나누어 주기로 내규에 정해 놓고 있었다. 그런데 이 회사 이사들은 모두가 갑부이고 바쁜 몸이라서 언제나 이사회를 열고 보면 성원에 필요한 정족수를 넘는 경우가 극히 드물었다.

그런데 50명의 이사가 전원 모습을 보인 특별한 이사회가 한 번 있었다. 그것은 눈보라가 맹위를 떨치던 날이었다.

이사들은 각기 그런 날씨에는 다른 이사들이 회의에 참석할 엄두를 못 낼 것으로 믿은 나머지, 출석할 이사에게만 분배될 큰 몫의 돈을 받아 낼 속셈으로 출석했던 것이다.

❖ 회의의 목적과 규칙 |
"인생이란 대화의 연속이다. 그러므로 대화를 해서 권태를 느끼지 않는 여성을 아내로 맞도록 하라."

어느 성인의 말처럼 우리의 일상 생활에서 대화는 매우 중요하다. 대화를 한다는 것은 자신의 사고방식을 일방적으로 상대에게 알린다는 뜻이 아니라 서로의 의견을 절충하여 공통점을 발견한다는 뜻이다.

사람은 때때로 자기의 생각만이 옳다고 주장한다. 그런 현상이 너무 완고하게 지켜지면 대화를 나누는 과정은 존재할 필요가 없다. 그런 사항들을 단계적으로 수정하면서 대화를 계속해 나간다면 보다 효과적일 것이다.

직장에서의 대화는 어떠한 목적을 가지고 결론을 도출하려는 과정을 거치는데 그것이 바로 회의이다. 회의는 반드시 목적이 분명해야 하며 규칙이 필요하다. 회의에 참석할 때 먼저 알아 두어야 할 사항 몇 가지를 정리해 보자.

회의의 성격을 먼저 파악하라

회의에는 여러 가지 성격의 것이 있다. 한 마디로 회의라고 하지만 뚜껑을 열고 보면 실로 다양한 성격의 회의가 있을 수 있다. 이 성격을 모르면 회의에서의 화술을 논할 수 없다.

따라서 집회와 회의의 성격을 먼저 파악해야 그 화술을 논할 수 있다. 여기서는 일단 비즈니스와 관계되는 회의로 그 성격을 제한하고, 원칙적으로 동일 그룹 내의 동일 조직에 속하는 사람들이 모이는 회의라는 가정 하에 이야기를 진행해 나가자.

회의는 그 참석 규모에 따라 대규모 회의, 중규모 회의, 소규모 회의로 나눌 수 있다.

::**대규모 회의**

통상 50명 내외가 참석하는 회의이다. 회사 전체적인 내용, 즉 연초의 연간 사업 목표 및 방침 설명, 돌발한 트러블 대책, 타사와의 기술 제휴 및 기술 수수 등이 이러한 회의에서 다루어지는 안건이다. 관련 임직원도 참석한다.

::**중규모 회의**

신제품의 기획 및 기술 평가 보고, 제조 및 판매 전략 개발을 위한 관련 부서의 전체 회의 등이 여기에 속한다. 참석 인원은 대개 2~30명 정도이다.

::**소규모 회의**

2개과 정도의 연석 회의나 과내의 협의가 이에 속한다. 참석 인원은 대개 10명 내외이다.

대규모 회의는 의식적인 요소가 짙은 반면, 중소 규모의 회의야말로 당신이 수완을 발휘해야 할 기회이다. 따라서 당신이 알고 싶은 회의의 화술도 대개 이 규모의 회의에 관한 것이다. 즉, 중소 규모 회의는 준비 작업에서부터 기자재 준비, 의사록에 이르기까지 모든 '회의의 기술'이 필요하기 때문이다.

무릇 회의에는 승리감과 패배감, 긴장과 여유, 성취감과 공허감이 교

차하게 마련이다. 특히 갑론을박의 격렬한 토의가 필요한 회의는 더욱 그렇다.

회의석상을 잘 활용하면 자신의 능력을 평가받고 좋은 의미에서 자기의 주장을 강변하는 무대로 삼을 수 있다. 그래서 비즈니스맨은 중소 규모 회의에서의 화술을 갈고 닦아야 하는 것이다.

협력하는 마음의 자세

회의에는 반드시 정해진 시간이 있다. 공론만 되풀이 되고 시간만 허비하게 되면 개인적으로나 조직에 있어서나 비생산적이다. 따라서 서로가 제한된 시간 내에 회의의 목적인 결론에 도달하기 위해서는 협력하는 마음가짐이 필요하다.

회의는 잡담 시간이 아니다. 그러므로 목적에 맞는 의견이나 주장을 내놓지 않으면 회의는 성립되지 않는다. 자신의 발언이 회의의 목적에 벗어나거나 흐름을 저지시켜서는 안 된다.

한 사람이라도 그런 기본적인 규칙을 잊고 회의에 참석한다면 괜히 시간만 허비하는 셈이 되고 만다. 또한 회의 참석자 전원에게 그러한 느낌을 들게 한 채 결론 없이 회의가 끝나고 마는 것이다.

그러나 회의란 중요한 자기 주장의 자리이며 기업에서는 개인의 능력 평가와도 직결된다. 그러므로 회의에 참석하기 전에 충분한 마음가짐과 준비가 되어 있어야 한다.

발언의 타이밍

중압감을 주는 장소에서 발언하는 방법이 매우 서툴르다고 스스로 인정하고 콤플렉스에 빠져 있는 사람이 많은 것 같다.

회의석상에서 한 마디도 발언하지 않았는데 회의가 끝나 버렸다면 사원으로서의 역할을 다했다고 볼 수 없다. 또한 회의 때는 한 마디 발언도 하지 않다가 회의실을 나서면서 이런저런 불평을 늘어놓는 사람도 있다.

"아까 ○○씨는 이런 발언을 했는데 그것은 아무래도 이상해. 거기에 대해서 자네는 어떻게 생각하나?"

나중에 불평 섞인 의견을 털어놓아도 듣는 사람은 '그렇다면 회의 때 말할 것이지 이제 와서 딴소리야' 라고 생각할 뿐이다.

요컨대 발언해야 할 장소에서 발언하지 않고 뒷전에서 불평을 늘어놓는다면 아무런 소용이 없는 것이다. 그런 사람들은 '뒤에서 불평만 하는 사람' 이라는 평가만 받을 뿐이다.

회의석상에서 '이런 말을 하면 반론이 나오겠지' 또는 '이런 의견을 말하면 어떤 평가를 받을까' 하고 망설이다 보면 발언의 타이밍을 놓치게 된다. 되도록 억측은 하지 말아야 한다.

"저는 ○○씨의 의견에 찬성합니다."

발언하는 것 자체를 싫어하는 사람은 이와 같이 찬성이나 반대의 의사 표시만으로도 회의에 참석한 사람으로서의 역할을 다할 수 있다. 그러다가 차츰 익숙해지면 적극적으로 자기 의사를 분명히 말하게 되는 것이다. 회의에 참석하고도 한 마디 발언도 못 한다면 회의 참석의

의의는 없어지고 결과적으로 회의 자체에 불만이 남을 것이다.

참석자들이 손을 들고 자신의 의사를 분명하게 표현하거나 다른 사람의 의견에 찬성이나 반대 표시만 해도 회의를 진행하는 사람은 상당한 보람을 느낀다.

용기를 내어 우선 발언부터 해 놓고 보자. 특히 사회자가 의제에 대한 의견을 말해 달라고 요구해 왔을 때 그 타이밍을 놓치지 말아야 한다. 당신이 주저하며 망설이는 동안에도 회의는 쉬지 않고 진행된다.

때로는 침묵이 소중할 때가 있다. 하지만 타이밍 또한 대단히 중요하다. 당신이 우물쭈물하는 동안 인생에서 결정적인 타이밍이 자꾸만 도망쳐 버린다는 사실을 잊지 말아야 한다. 기회가 주어졌을 때 타이밍을 포착하여 대담하고 적절한 발언을 해 보라. 여기에서 당신의 인생이 180도 바뀌는 결과를 낳기도 한다.

자신에게 주어진 일만 묵묵히 할 뿐 도무지 말이 없는 사람이 있었다.

"난 그저 묵묵히 일만 하면 되는 거야. 그것을 모두가 인정해 주면 그뿐이야."

그는 그것이 생활 철학인 듯 행동했다. 그러던 어느 날 한 동료가 그에게 충고했다.

"그것을 주위에 인식시키려면 여러 해가 걸릴 거야. 더욱이 그 동안에 인사이동도 있을 테고, 그러다 보면 자네는 점점 고립되어 갈 것이 뻔하지."

그 후 그는 회의에 참석하면 한 번쯤은 손을 들어 자신의 의사를 표현하게 되었다.

일단 손을 들어 본다는 사실만으로도 그의 기분을 분발시켰고, 그렇게 되면 발언을 해야 할 입장에 처해지기 때문에 자신의 의사를 분명하게 표현하게 되었다. 그는 이제 회의에 참석하는 것을 즐기는 입장이 되었다.

사전 준비

"내일 오후 2시 강당에서 춘계 야유회에 대한 의견 청취를 할 예정입니다. 빠짐없이 참석하여 좋은 의견을 많이 제시하기 바랍니다."

이러한 회의 통보를 받았다면 당신은 어떤 준비를 해야 할까.

회의란 의견을 발표하는 자리이다. 그러므로 충분한 준비를 하지 않으면 순간적인 발언이 되기 쉽다. 그렇게 되면 '왜', '무엇 때문에'라는 반문을 받았을 때 납득이 갈 만한 대답을 하기가 어려워진다. 따라서 사전에 여유를 가지고 차근차근 준비를 해야 한다.

예를 들어 당신이 한 가지 의견을 제시했다는 가정을 한 다음에 수첩에 적어 보자. 춘계 야유회 장소를 산으로 정했다고 하자. 일단 목적지가 결정되면 여기에 따른 교통편 · 일정표 · 비용 · 숙박 여부 등을 확실하게 조사하여 메모해야 한다. 그리하여 회의석상에서 깔끔하게 정리된 의견을 말함으로써 당신의 평가는 올라갈 것이다.

아무런 준비도 없이 막연히 회의장에 나가서 남의 의견을 듣는 것만으로는 회의 참석의 의미가 없다. 서로가 충분하게 준비한 사항을 가지고 의견을 서로 교환하는 회의야말로 충실한 회의라고 할 수 있다. 회의의 목적을 충분히 살리는 사전 준비를 잊지 말아야 한다.

 **회의의 기록**   어느 기업이든지 당신을 위해 회의 노트를 따로 준비해 두지 않는다. 따라서 조직 사회의 일원이라면 반드시 자신을 위한 회의록을 만들어 놓아야 한다. 그래서 회의에서 발언된 내용이나 결정된 사항은 당신의 회의록에 정확히 기재하는 습관을 들이는 것이 좋다.

물론 서기가 있어서 회의의 내용이 정확하게 기록되고 있겠지만, 당신의 회의록에 기록된 사실은 어디까지나 당신 특유의 기입법에 의한 당신만을 위한 기록일 것이다. 일 년이 지난 후 그 기록들을 자세히 살펴보라. 그것만으로도 충분히 당신의 업무 반성에 대한 좋은 자료가 될 것이다.

회의의 기록을 서기에게만 맡겨 버린다면 회의에 참석한 의미가 없어질 뿐만 아니라 다음날이면 회의에서 결정된 사항도 모호해지기 마련이다.

"얼마 전에 결정된 사항인데 왜 자네는 지키지 않나?"

상사로부터 이런 지적을 받더라도 회의에서 결정된 사항을 잊고 있었다면 변명의 여지가 없는 것이다.

당신에게 주어진 하루의 업무량은 상당히 많다. 반드시 기억해 두어야 할 사항과 실습으로 익혀 나가야 할 업무 등이 있는데, 작업의 종류에 따라 그것을 분류할 필요가 있다. 항상 메모해 두는 습관을 들여 가능하다면 회의용 메모지를 휴대하여 평소에 대비하도록 하자.

정보는 하루에도 엄청난 분량으로 쏟아져 나온다. 그런 정보의 수집과 정리는 메모지나 수첩을 이용하는 것이 적절한 방법이다. 우리가 가까이 접하고 있는 신문이나 잡지·광고·텔레비전·라디오를 통해 정보를 얻는 것도 중요하다. 수많은 정보를 정리해 둠으로써 필요할 때 해당 정보를 쉽게 활용할 수 있다.

평소 이런 습관을 들여 놓으면 회의 때 목적과 대화의 내용에 맞게 정리된 정보를 그 자리에서 이용할 수 있는 것이다.

일상 생활에서 정리되지 않은 정보는 설득력 없는 잡학으로 그치고 만다. 특히 통계나 조사에 의한 정보는 기억하기가 어려운 게 사실이다. 메모지나 노트 등에 정리해 두는 습관을 익힐 필요가 있다.

회의는 비즈니스맨에게 특히 중요하다. 그러므로 정보의 정리와 기록은 언제라도 펼쳐 볼 수 있는 곳에 두도록 명심해야 한다.

회의에서 관리자의 자세

회의의 서두에 관리자들은 그 회의의 목적과 건의 사항들을 발표하는 것이 상례로 되어 있으나 회의의 결론을 내리는 듯한 발언은 삼가는 것이 좋다. 대체적으로 관리자는 사원들에게 바라는 건의 사항을 말할 때 자신도 모르는 사이에 강요하는 어조로 말하게 되는데 이것은 잘못된 것이다.

회의는 개인의 의견을 주장하는 자리가 되어야 하므로 자유로운 발언을 할 수 있는 분위기가 조성되어야 한다. 그것을 규제하는 발언은 회의 참석자들을 무력감에 빠뜨리게 한다.

'이 따위 회의를 해 봤자 결국은 모든 일이 과장 뜻대로 되잖아.'

참석자들이 이런 생각을 갖게 된다면 그 회의는 차라리 열지 않는 게 낫다.

관리자의 발언에는 일반 사원의 발언과는 달리 무게가 주어진다. 그것이 개개인의 발언에 중압감을 주는 것이어서는 절대로 안 된다.

"오늘은 사내 야유회에 관한 여러분의 의견을 듣고자 합니다. 또한 이 시간에 두서너 곳의 후보지를 결정할 예정이오니 많은 의견을 제시해 주기 바랍니다."

관리자의 역할은 이렇게 전체적인 방향을 제시하는 것만으로 충분하다. 그렇지 않아도 회의라면 일반 사원들은 긴장하기 마련이다. 또한 걱정이 앞선 상태에서 참석하는 자리이니만큼 편안하고 자유로운 분위기를 만들어 주도록 노력해야 한다.

누구나 자발적으로 발언할 수 있는 분위기를 조성해 준다면 회의의 목적은 쉽게 달성할 수 있을 것이다.

반대 의견은 결론 직전에 내세운다

회의에서는 반드시 반대 의견이 있게 마련이다. 그리고 회의가 진행되는 동안 자신의 의견과는 점점 멀어지는 것을 느끼는 경우도 있다.

가령 신제품에 관한 계획에서 구조나 성능도 그러려니와 생산 일정이 지나치게 짧아 신뢰성의 확보에 문제가 보인다고 치자.

회의 벽두부터 전체적인 분위기가 자신의 생각과는 크게 다르다고 판단되더라도 즉석에서 떠오르는 대로 반론하지 말고 한동안 회의의 흐름을 지켜보는 것이 좋다.

진행하는 흐름이 전혀 바람직스럽지 못한 방향으로 나가는 동안 꼼꼼히 메모를 하도록 하자. 노트를 양편으로 나누어 한편에는 결론으로 내려질 듯한 의견을, 다른 한편에는 각 항목마다 자신의 의견을 메모해 나간다.

드디어 자신의 생각과는 반대되는 결론이 내려질 때가 되었다. 이때 사회자가 '다른 의견은 없습니까?' 하고 물을 것이다. 당신이 나설 때는 바로 그 순간이다.

"이의 있습니다!"

당신의 이 한 마디에 모든 참석자들의 시선이 모아질 것이다.

그러면 당신은 메모를 보면서 차근차근 의견을 제시하면 된다.

"……건에 대해서는 이러저러한 말씀들을 하셨지만 제 의견은 이렇습니다."

메모된 대로 대비해 가면서 대안을 정연하게 제시하면 회의의 주도권은 당신에게 넘어오게 된다.

회의에서 참석자 전원이 하나의 결론으로 기울어지는 것은 결코 생산적인 일이 아니다. 반론을 제시하고 싶어도 그 결과가 바람직스럽지 못할 때의 책임을 회피하고 싶어서 대세에 호응하기 쉬운데, 책임감이 있는 당신이라면 그러지 않을 것이다.

대과 없이 보내고 대세에 역행하지 않으면 책임의 소재를 분산할 수 있다는 생각에 신제품에 대한 신뢰성에 의심이 가지만 반론하지 않고 그냥 넘어간다면 그것은 곧 집단 이기주의이다.

당신의 반론은 회의를 생산적이고 유익한 것으로 만든다. 특히 마지막 순간에 파문을 일으키는 이런 방법은 참석자나 회의 주최측과 격렬한 논쟁을 각오해야 한다. 그래서 자신의 결론에 대한 확신 없이는 불가능하다.

하지만 이런 논쟁의 결과는 시장 경쟁력에서 확인될 것이다. 확신만 있다면 조금도 두려워할 것이 없다.

습관적으로 고개를 끄덕이지 마라

발언자가 한 마디 할 때마다 의미도 없이 고개를 끄덕이는 사람이 있다. 끄덕이고 대답했다면 발언 내용을 이해하고 있어야 마땅하지만, 끄덕이는 것은 버릇일 뿐이고 내용은 거의 모르니 문제이다.

사회자가 관심을 환기시키느라고 '혹시 다른 의견이나 추가할 의견이 없습니까?' 라고 물어도 그저 고개만 끄덕이고 있다. 자기와 의견이 같아서 끄덕이는 것이 아니라 박자를 맞추는 데 불과하니 처음부터 독자적인 의견이 있을 수 없다.

발언자가 잠깐 말을 끊을 때마다 고개를 끄덕이는 버릇이 있다면 시급하게 고쳐야 한다. 특히 서구인과 상담할 때는 그 버릇으로 인해 커다란 실수를 저지를 수도 있다. 서구인 사이에서는 고개를 끄덕이는 것이 강력한 긍정의 신호이고 '나도 한 마디 하자' 는 신호이다.

또한 상사가 이야기할 때 고개를 끄덕이는 사람은 지독한 아첨꾼으로 치부된다.

✤ 부서 간에 논쟁이 벌어졌을 때

회의에서 부서 간에 의견 충돌이 생겨 논쟁이 벌어지는 경우가 있다. 이때 가령 과장과 과장 사이에 논쟁이 벌어졌다면 가장 강력한 무기는 대리급의 지원 사격이다.

처음에 과장이 추상적인 발언을 하면 대리가 나서서 과장의 발언을 보충해 나간다. 참가자가 과장급일 때 과장이 알고 있는 업무의 수준과 대리가 알고 있는 수준에는 차이가 있다.

대리급은 주로 현장에서 닦은 센스를 바탕으로 과장의 발언 내용을 더 자세히 보충하기 때문에 과장급이 잘 모르는 부분을 들어 설명하면 상대가 공격할 틈이 없다.

부장급이 참가하는 회의에서 이런 요령으로 상사를 지원하는 과장도 마찬가지이다.

회의에서의 차하위자의 역할은 조직이 방대할수록 크다. 조직이 방대하면 자연 하급자에게 위임한 업무가 많기 때문이다.

회의에서 상사를 지원하는 역할에 충실하려면 관련되는 자료를 평소에 성실히 챙겨 두어야 한다. 동시에 그 날 회의의 의제에 따른 자료를 철저히 챙겨야 한다.

그렇지 못한 상태에서 상사들끼리 논쟁하는 틈에 끼어들면 건방지다는 평가만 듣는 것이 고작이다. 아무리 말을 잘 하더라도 의제와 관련된 지식을 갖추지 못한 상태에서 논쟁에 끼어들면 그것은 벌집을 쑤시는 꼴이다.

사회자의 역할 | 회의에는 반드시 사회자가 있다. 만약 사회자 없이 회의가 진행된다면 정해진 시간 내에 정해진 목적을 달성할 수가 없을 것이다. 좌담이나 잡담을 나누는 자리라면 시간에 제한받지 않고 대화를 즐길 수 있으므로 굳이 사회자가 필요 없다. 하지만 회의에서는 사회자가 회의의 목적에 맞는 발언을 유도해 나가야 한다.

또한 사회자는 회의의 흐름과 시간을 감안하면서 진행시켜야 하며 참석자들의 분위기를 이끌어 내는 역할도 필요하다. 회의 시작 시간이 임박해지면 먼저 회의실에 참석자들이 들어서기 시작한다. 시간이 거의 다 되었어도 5분 정도의 여유를 가지고 기다린다. 그 동안에 회의에 참석한 사람들은 잡담을 하면서 긴장을 풀게 된다.

거의 다 참석한 것을 확인하면 사회자는 타이밍을 놓치지 말고 분명하게 발언해야 한다.

"그럼 회의를 시작하겠습니다. 오늘의 의제는 다음달의 기획 제안입니다. 회의에 앞서 이사님의 부탁 말씀이 있겠습니다."

참석자 입장에서는 피치 못할 사정으로 회의 시간에 늦을 경우 사전에 사회자에게 양해를 구해야 한다. 단 한 사람의 참석자를 위해 회의 개최 시간을 지연시키는 것은 다른 참석자들에게 실례가 된다.

 사회자로서의 예비지식 | 개회를 선언한 후 사회자가 한가하게 수첩을 펼쳐 보거나 회의 개최의 취지 등에 대해 길게 늘어놓

는 것은 좋지 않다. 사회자는 의제와 내용에 대해서 자세하게 숙지하고 있어야 한다. 그 정도의 예비지식이 없다면 사회자로서의 자격이 없다.

같은 부서의 동료들은 서로의 개성을 정확하게 파악하고 있을 것이다. 그러므로 발언을 이끌어 내는 방법도 사람에 따라 달리 해야 한다.

활발한 성격의 사람은 불시에 질문을 받아도 당황하지 않고 발언할 수 있다. 따라서 이야기의 흐름이 단절되었을 때 그런 사람에게 발언을 요구하는 것도 바람직한 방법이라 할 수 있다.

관리자에게 의견을 묻는 타이밍은 참석자들의 발언을 정리할 무렵이 좋다. 왜냐하면 관리자의 발언은 다른 사람의 발언을 제한할 염려가 있기 때문이다.

말수가 적은 사람이나 말을 잘 못하는 사람에게는 가급적이면 빨리 발언을 시키는 것이 좋다. 말재주가 있는 사람에게 먼저 발언을 시키면 대부분의 사람들이 끌려 가 버리는 경향이 있다. 그런 사람들은 사회자가 따로 지명하지 않아도 자발적으로 발언할 수 있으므로 일부러 지목할 필요는 없다. 자신의 의견을 발표하는 데 서투른 사람에게는 사회자의 세심한 배려가 필요함을 알아 두도록 하자.

말주변이 없는 사람에게는 우선 개인적인 이야기부터 물어야 한다.

"아이가 몇 명인가요?"

이런 질문에 상대는 쉽게 대답할 것이다. 그럼 다시 큰애가 사내아이인가를 되묻는다. 그리고 아이는 건강한지, 누구를 닮았는지 등을 물으면서 접근해 가는 방법이 좋다. 또한 말이 서투른 사람은 오래 이야기할 수 없으므로 단적으로 말해서 '예', '아니요' 만으로 의사 표시가 가능하도록 질문을 유도하는 방법도 연구해야 한다.

발언이 길어졌을 때

회의에서 간혹 말이 길어지는 사람이 있다. 전제 조건부터 늘어놓지 않으면 이야기를 할 수 없는 사람, 이야기 도중에 지엽적인 문제로 흘러 무슨 말을 하고 있는지 분간할 수 없게 하는 사람들이 특히 이야기를 길게 한다.

그럴 경우 사회자는 어떻게 해야 할까. 일단 말이 중단되는 사이를 기다렸다가,

"○○씨의 의견을 요약하면 이러이러한 것으로 생각됩니다. 그럼 다음에 ○○씨의 의견을 듣겠습니다."

하는 식으로 매듭을 지어 줘야 한다. 의견에 대해 참석자의 반응도 확인하지 않고 곧바로 다음 발언자의 의견을 듣는다는 것이 다소 어색하지만, 그렇지 않으면 회의를 정해진 시간 내에 끝내지 못한다.

이야기가 길어지는 사람에게 쓸 수 있는 또 한 가지 방법은 발언을 요구하기 전에,

"○○씨의 의견에 대해 ○○씨는 찬성하는가요, 반대하는가요?"라고 물어 대답을 짧게 유도하는 것이다.

이야기가 길어지는 사람에게는 때때로 사회자가 발언권을 다른 사람에게 넘겨 주는 수법을 쓰는 것도 효과가 있다. 발언이 길어지면 곤란하다는 것을 참석자 전원에게 인식시키는 효과도 함께 거둘 수 있다.

이렇게 해도 발언이 길어지면 사회자는 '시간이 없으니까 요점만 간

단하게 말씀해 주십시오' 라는 표현을 써도 무방하다. 2~3시간씩 걸리는 회의라면 도중에 사회자가 발언의 내용을 정리해 볼 필요가 있다.

"지금까지 나온 의견들을 정리해 보면 이러저러합니다. 이것을 참고하여 다음 ○○씨 말씀해 주십시오."

참석자들 가운데는 어떤 의견이 나왔는지를 잊고 있는 사람도 있을 것이다. 이때 사회자가 의견들을 정리한다면 다음 발언자들은 중복되는 발언을 가급적 피할 것이다.

✤ 의제가 빗나가거나 맴돌고 있을 때

자신의 의견을 이야기하다 보면 화제가 엉뚱한 방향으로 빗나가는 경우가 종종 있다. 이때 사회자는 어떻게 해야 할까.

"화제의 방향이 갑자기 엉뚱한 쪽으로 흐른 듯한데, 자, 그럼 다시 발언을 시작하겠습니다."

사회자는 이렇게 발언의 내용을 정리하여 회의 방향에 잘못이 없도록 진행시켜야 한다. 칠판에 지금까지의 발언 내용을 하나하나 적는 방법도 효과적이다. 그러면 회의의 진행 사항이 빨리 파악되고 참석자들은 발언 내용에 더욱 신중을 기할 것이다.

회의가 오래 계속되면 분위기가 해이해지기 쉽다. 그러므로 참석자 전원에게 긴장감을 주기 위해서도 써 볼 만한 방법이다. 회의의 내용이 제자리걸음만 할 뿐 더 이상 진행되지 않는 경우도 있다. 이런 상태로 계속 가다가는 회의의 목적을 시간 내에 달성하기 어려울 것이다.

그렇다고 해서 억지로 진행을 서둘면 의견도 결속되지 않고, 또한 몇몇 사람에게는 불만인 채 회의가 끝나 버리는 결과를 초래하기 쉽다.

회의 시간에 결론이 나지 않는 문제는 그대로 남겨 두는 것이 좋다. 그러면 나중에 다시 검토할 수 있다.

어떤 방법을 써도 시간 내에 결론이 나지 않는 경우는 다음날로 미루거나 별도의 시간을 마련해서 관리자가 별도의 대책을 세우면 된다.

사회자 : 우리가 이번에 개발하고 있는 신제품보다 한 발 앞선 성능의 제품을 경쟁사에서 발표했습니다. 우리의 신제품도 특징적인 부분이 없지 않으니, 현재 그대로 충분히 경쟁력이 있는지 영업부의 의견을 제시해 주기 바랍니다.

영업부 : 성능에서 뒤진다면 안 됩니다. 영업에서 승산이 없습니다. 신제품 발표 시기를 늦추는 한이 있더라도 경쟁사 제품보다는 성능 면에서 뛰어나야 합니다.

개발부 : 성능에 차이를 보이려면 유니트 부분의 설계 변경이 필요합니다. 그 부분은 신제품의 심장 부분입니다. 그렇다면 지금까지의 평가 데이터를 모두 무시하고 작업을 다시 시작해야 하는데, 적어도 3개월 이상은 걸립니다.

영업부 : 그렇다면 판매 계획부터 다시 잡아야 합니다. 그 사이에 경쟁사의 제품이 이미 시장을 석권하고 있을 겁니다. 빨리빨리 고칠 부분은 고쳐 줘야 영업을 할 것 아닙니까.

개발부 : 기술적인 사항을 몰라서 그런 말씀을 하는데, 철야로 작업해도 석 달은 걸립니다. 처음 설계도 영업부 의견을 그대로 반영

했습니다. 그런데 이제 와서 그런 말을 하면 어쩌자는 겁니까. 영업부에서 시장 조사를 제대로 하지 못했던 겁니다. 내가 아는 바로는 우리 회사 신제품이 경쟁사의 것보다 못하다고 보지는 않습니다.

이러다 보면 영업부와 개발부의 의견 대립은 끝이 없어진다. 서로 자기네 부서의 입장을 내세우기 때문이다. 이때 회의를 진행하는 사회자의 결단이 중요하다. 사회자에게 그만한 권한이 있다면 이와 같은 경우 사회자가 결론을 내리는 것이 바람직하다.

사회자 : 좋아요, 그럼 영업부는 현품을 다시 확인하고 개발부는 지금과 같은 조건으로 신제품을 개선할 경우 소요 일수를 정확히 산출합시다. 사흘 후 다시 회의를 열어 결론을 내도록 합시다. 영업부는 현품과 카탈로그를, 개발부는 현재까지의 예정표에 변경 일정을 추가한 예정표를 준비해 주시기 바랍니다. 이상입니다!

이와 같이 결론을 미루고 다음 안건으로 넘어가면 영업부나 개발부 어느 쪽에서도 오늘 회의 결과에 대해서 불만을 갖지 않을 것이다. 결론도 나지 않는 문제를 계속 의견만 나열하게 한다면 시간 낭비할 뿐만 아니라 나중에 수습도 곤란해진다.

사회자는 공평을 유지해야 한다. 그리고 사회자 자신의 분명한 의견이 지나치게 나타나지 않도록 하는 것도 중요하다. 특히 사회를 보는 사람이 관리자 신분일 때는 더욱 그렇다.

참석자들이 발언을 주저하고 있을 때

"이 문제에 대해 어느 분이 의견을 말씀해 주시겠습니까?"

사회자가 이렇게 의견 제시를 요구할 때 많은 사람들은 주저한다. 즉, 어느 누구를 지명하지 않고 질문을 하면 쑥스러워하거나 발언을 주저하는 것이 보통이다.

그럴 때는 어느 한 사람을 구체적으로 지명하여 더욱 구체적인 의견이 나올 수 있도록 질문을 유도하는 것이 바람직하다.

특히 여성은 남성에 비해 방어 본능이 강하기 때문에 적극적인 발언을 하지 않는다는 것을 염두에 두어야 한다. 사회 생활과 대인관계의 훈련이 잘 되어 있지 않은 주부는 이런 경향이 더욱 강하다.

'이런 말을 했다가 비웃음을 사는 것이 아닐까.'

'이런 의견은 어차피 받아들여지지 않을 테지.'

이런 생각들이 사람들을 소극적으로 만드는 것이다.

그래서 이런 회의일수록 사회자의 역할이 중요하고 부담도 무거워진다. 그러나 초조해하지 말고 인터뷰의 수법을 쓰면서 이야기를 이끌어 내도록 하라. 또한 여성 참석자가 많은 회의에서는 개인의 사고방식을 비난하는 발언을 하는 사람도 있다.

이것은 사원끼리의 신뢰감을 해치는 결과를 가져오므로 사회자는 그런 발언을 교묘하게 제지하는 방법도 익혀 두어야 한다.

✣ 결론을 내릴 때의 사회자의 태도

회의에서는 반드시 결론을 내려야 한다. 부득이한 이유로 결론을 미루는 경우도 있지만, 결론 유보도 일종의 결론이라고 볼 수 있다.

예컨대 세 가지 안 가운데 어느 하나를 채택해야 할 경우, 이 세 가지 안에 대해 충분한 의견 교환을 거친 후 최종적으로 찬성이냐 반대냐를 물어 표결해야 한다. 표결한 사실에 대해서는 이것을 참석자 전원에게 철저히 알리고 마지막으로 확인 과정을 거쳐야 한다.

사회자는 언제나 회의 전체의 흐름을 파악하고 토론된 내용에 대한 참석자들의 의견 표시를 확인해야 한다. 회의에서 사회자는 이처럼 중요한 역할을 담당하고 있다. 그러므로 경험이 없는 사람은 회의의 사회를 맡기 힘들다. 회사의 경우 입사한 지 5~6년 정도 된 중견 사원이 사회를 맡는 것이 좋다. 더욱이 냉정한 판단력을 가지고 감정적으로 흐르지 않고 발언의 정리가 가능한 사람이라면 회의를 원활하게 이끌어 나가는 사회자로서 적임자일 것이다.

✣ 사회자의 유머 감각

어떤 회의든 사회자의 역할은 발언하는 사람이 발언하기에 적당한 분위기를 조성하는 데 있다. 만약 사회자의 표정이나 자세, 어투 등이 서먹하거나 진지하지 못하거나 또는 굳어 있으면 회의 분위기 또한 굳어지고 어색해진다.

누구에게나 첫 마디 말이 어렵지만 사회자의 첫 마디는 더욱 중요하다. 첫 마디를 부드럽게 시작하기 위해서는 회의 직전에 주위에 있는 사람들과 큰소리로 몇 마디 잡담을 하는 편이 좋다.

그리고 첫 마디는 가능한 한 미소와 더불어 유머러스하게 시작한다. '유머러스하게'라는 말은 억지로 웃기라는 뜻은 아니다. 사소한 기미를 잡아 얼마든지 부드러운 웃음을 자아낼 수 있다.

누구나 관심이 있는 뉴스를 첫 머리에 소개하는 것도 효과적이다. 그러한 뉴스는 사회자도 부담 없이 전달할 수 있기 때문이다. 가령 회의가 시작되기 직전에 이런 식으로 이야기를 꺼내면 어떨까.

"요즘 한창 벌어지고 있는 월드컵 축구에 관심이 많으시죠? 지금 막 한국과 미국의 경기가 시작되었다고 합니다. 그런데 누가 이길지는 경기가 끝나 봐야 알겠답니다. 축구공이 둥글기 때문이라나요."

이런 말을 들으면 회의에 참석하러 온 사람들은 긴장된 기분을 잠시 잊고 웃지 않을 수 없다. 그리고 다른 동료에게 미리 부탁하여 경기 결과를 중간에 전달받도록 한다. 가령, 오른쪽 손가락을 하나 세우면 한국이 한 골을 넣었다는 뜻이고, 반대로 왼쪽 손가락을 하나 세우면 미국이 한 골을 넣었다는 뜻으로 약속을 해 두었다가 회의 중간 중간에 그 동료로부터 신호를 받아 수시로 결과를 알려 주면 회의 참석자들은 즐거워하지 않을 수 없을 것이다.

물론 이러한 유머와 사회자의 봉사 정신은 회의 진행에 도움이 되는 한도 내에서 이루어져야 한다.

12
대중 앞에서의 화술

◆ 링컨의 연설

1863년 11월 9일, 링컨은 남북 전쟁의 격전지 게티스버그의 기념비 제막식에 전 국무장관 에드워드 에베렛과 함께 참석했다. 에베렛은 당시 최고의 웅변가로 유명했다.

링컨에 앞서 먼저 에베렛이 열변을 토하기 시작했다. 그의 연설은 두 시간 동안이나 이어졌는데, 청중들은 그의 눈부신 말솜씨에 완전히 도취되어 버렸다. 박수 속의 흥분에 묻힌 청중 앞에 대통령인 링컨이 등단했다. 링컨의 연설은 단 5분 만에 간단히 끝났다.

청중들은 약간의 박수를 쳤다. 기름진 음식을 잔뜩 먹은 다음의 입가심 같은 것이었기 때문이다. 그러나 에베렛은 연단에서 내려오는 링컨에게 악수를 청하면서 이렇게 말했다.

"오늘은 제 연설이 좋았던 것처럼 보이지만, 내일이 되면 반드시 각하의 연설이 좋다는 평을 들을 것입니다. 아니, 해를 거듭할수록 제 연설은 잊혀질 것이나 각하의 연설은 길이 역사에 남을 것입니다."

과연 그러했다. 에베렛의 예언은 적중했다. 이튿날 신문에 소개된 링컨의 연설은 대단한 반향을 불러일으켰다. 그것은 불과 300단어에 지나지 않는 짧은 글이었다.

'87년 전 우리의 할아버지들은 이 대륙에 자유로 비롯된 새 나라를 건설하고 모든 사람은 평등하다는 주장을 국시國是로 삼았습니다.'로 그의 연설은 시작되었다.

'지금 우리는 크나큰 내전을 벌이고 있으나, 그것은 이 같은 나라가 실로 길이 영속하느냐 못 하느냐의 시련입니다. 우리는 이 전쟁의 일대 전장에 모여 있습니다. 우리는 나라를 위해 목숨을 바친 모든 사람들의 안식처로 이 전장의 일부를 받들기 위해 여기 모인 것입니다.
세계는 우리가 여기서 말하고 있는 것을 전혀 주시하지 않고, 또 오래 기억하지 않을지도 모릅니다. 그러나 저들 용사가 여기서 무엇을 했는지는 결코 잊을 수 없습니다.
우리는 이들 명예로운 전사자들이 다하지 못한 일을 완수하지 않으면 안 됩니다. 즉, 이들 전사자의 죽음을 헛되지 않게, 신의 가호에 따른 보다 새로운 자유가 이룩되도록……'

그리고 끝으로 링컨은 저 유명한 어구를 말했다.

'국민의, 국민에 의한, 국민을 위한 정치는 이 지구상에서 영원히 사라지지 않을 것입니다.'

모두 5분밖에 걸리지 않은 짧은 연설이었지만, 그 연설은 길이 역사에 기록되었던 것이다. 그 이유는 무엇일까. 연설이 그때 그 장소에 알맞은 내용이라는 데에도 그 이유가 있겠지만, 보다 짧은 형식의 연설이면서 거기에는 무한한 함축성 있는 말이 포함되어 있었기 때문이 아닐까.

잡담과 스피치

평소 우리가 하는 이야기를 잡담과 스피치 연설로 나눈다면, 전자는 이야기하는 사람이나 듣는 사람이 따로 없고 이야기 도중에 화제가 엉뚱한 곳으로 빠져 나가 결론이 안 나도 별 문제가 없다. 오히려 그렇게 돌아가는 것이야말로 구수한 '사랑방 정담'으로 웃음꽃을 피울 수 있다. 중구난방으로 떠드는 이야기를 듣다가 졸리면 한쪽에서 졸거나 싫증나면 중간에 일어나도 그만이다. 그만큼 격의 없이 자유로운 것이다.

그러나 후자는 전혀 다르다. 성별·성격·감정 상태·욕구·이해관계가 각각 다른 많은 사람들을 청중으로 맞아 이들에게 연사의 의견이나 호소하는 바를 정확히 전달해야 한다.

그렇다면 그 이야기는 조리 있고 박력도 있어야 청중이 만족하는 것은 너무도 당연하다. 더구나 그 내용이 복잡하거나 이해관계에 얽힌 것이라면 말 한 마디 한 마디에서 청중의 이해와 동의와 찬동과 공감을 얻어내야 한다.

스피치의 특징을 요약해 보면 다음과 같다.

- 연사와 청중은 마주보고 있다.
- 그 사이에는 약간의 거리가 생긴다.
- 연사와 청중은 그다지 잘 아는 사이가 아니다.
- 연사는 주제에 맞추어 이야기하고, 청중은 그 주제에 관한 이야기를 듣고자 모여 있다.
- 정해진 시간에 주제에 관한 내용을 설명하고 이해와 동의를 구해야 한다.

- 청중이 납득할 수 있는 어휘를 사용해야 한다.
- 청중의 이해가 용이하도록 이야기를 진행해야 하며, 너스레나 넋두리가 되어서는 안 된다.

이외에도 여러 가지가 있겠지만 아무튼 이런 제약 조건이 있기 때문에 사랑방을 주름 잡는 잡담의 명수도 스피치라면 선뜻 나서지 못하는 것이다.

현대는 스피치 시대

얼마 전까지만 해도 스피치는 하나같이 저명한 사람들의 전유물로 간주되었다. 각종 연설이나 식사, 보고회 등에 등단하는 연사는 정치가·교수·평론가·종교인·경영자 등 각계 각층의 지도자로서 자타가 공인하는 사람들이었다.

그러나 이제는 세상이 달라지고 시대가 변했다. 스피치란 이미 특정 지식인의 전유물인 시대를 지나 평범한 사람들도 남 앞에서 이른바 '한 말씀'을 해야 하는 세상이다.

특히 직장인에게는 대중 앞에서 스피치를 할 기회가 더욱 많아졌는데, 직장의 조회나 분임 활동, 연수회의 연구 발표회 등에서 좋으나 싫으나 자신의 의견을 피력하거나 소신을 주장해야 하는 것이다.

이런 추세 때문인지 이제는 누구나 스피치에 관심을 갖고 실천적으로 유능한 스피치를 구사하고 있다. 텔레비전 뉴스에서는 농부가 카메라 앞에서 당당히 정부의 농업 개방 정책을 비판하고, 반상회에서는 주부들도 마을의 공동 관심사에 대한 의견을 피력한다. 또한 초등 학교 어린이들도 회장 선거에 나서 출마의 변을 똑똑히 밝히고, 그 친구들은 찬조 연사로 나선다.

한 마디로 스피치의 대중화 시대에 접어들었다고 볼 수 있다. 바꿔 말하면 스피치는 현대인의 생활의 하나가 된 것이다. 그래서 잡담은 잘 해도 스피치는 잘 못한다고 말하는 것은 때로는 소속한 집단에서 수치가 되기도 한다.

그리고 그 집단이나 사회에 적응하지 못하는 사람, 자신의 역할을 제대로 못 해 내는 사람이라는 부정적인 평가도 감수해야 하는 시대가 되고 말았다. 스피치를 제대로 못하는 한 당신은 결국 낙오자의 신세를 면치 못할 것이다.

◆ 목적이 있어야 한다

스피치를 하려면 반드시 그 목적하는 바를 먼저 파악해야 한다. 어떻게 이야기할 것인가는 수단에 속하는 문제이다.

목적 없이 행동하는 것은 눈 덮인 황야를 걷는 것과 같다. 시계 안에 들어오는 것은 모두 흰 눈에 덮여 있다. 그래서 목표물을 찾지 못한 채 당신은 눈 덮인 벌판에서 벗어나지 못하는 것이다.

목적이 애매하거나 또는 자각하지 못한 상태에서 수단만을 염두에 두어 봤자 무의미하다는 것은 조금만 냉정히 생각하면 알 수 있다.

회의에서 결론을 내지 못하고 공전하는 것도 회의의 목적, 토론의 목표가 애매하거나 그것을 인식하지 못하기 때문이다.

스피치는 공적인 이야기이다. 사람들은 무엇을 어떻게 말해야 좋을지 모르기 때문에 스피치라고 하면 우선 겁부터 먹는다.

이런 사람들은 먼저 스피치의 구조나 성격을 분석할 필요가 있다. 스피치는 한 사람이 많은 청중에게 지정된 장소에서 스스로의 사상이나 의견을 이야기하는 것이므로 '무엇을 어떻게'에 대한 부담감이 불안으로 이어지는 것은 당연하다.

그러나 여기서 더 중요한 것은 이야기해야 하는 목적이다. 무엇 때문에 스피치를 해야 하는지를 확실히 인식하고 있으면 나머지 수단이나 방법 등은 훈련을 통해 극복할 수 있다. 연사 자신이 목적을 명확하게 파악하지 못한 채 연단에 나서면 청중은 연사의 의도를 몰라 시간만 빼앗기고 말았다는 불평을 하게 될 것이다.

배짱으로 밀고 나가라

스피치는 저명하거나 유식한 사람만이 할 수 있다고 생각할지 모르나, 실제로 그런 사람들이 곧 스피치의 명수는 아니다.

그런데 한 가지 재미있는 사실은, 뛰어난 문장을 쓰는 사람도 스피치에 있어서는 별로 감동을 주지 못하는 경우가 허다하다는 사실이다. 교수나 평론가 혹은 소설가의 문장에 감동했다가도 막상 그 사람의 스피치를 직접 들으면 무척 실망하게 된다.

스피치를 잘 하느냐 못 하느냐가 연사의 인격을 판단하는 자료가 될 수는 없다. 당신 주위를 둘러보라. 스피치를 잘 한다고 해서 그것만으로 승진하거나 영전한 사람이 있는가. 또한 반대로 스피치가 서투르다는 이유만으로 좌천되거나 감봉된 사람이 있는가, 그런 경우는 거의 없다.

그렇다고 해서 저명인은 반드시 스피치를 잘 해야 하고 평범한 사람은 못 해도 괜찮다는 논리는 성립되지 않는다. 스피치란 어디까지나 이야기하는 당사자의 개성을 충분히 보이면 된다는 식의 배짱을 지녀야 한다.

자기만의 개성을 전달한다

일전에 화술의 대가로부터 화술에 관한 강의를 들을 기회가 있었다. 이런 자리에서는 먼저 사회자가 강사를 소개하기 마련인데, 그 날도 사회자는 얼마나 훌륭한 강사를 모셨는가를 열렬히 소개했다. 그런데 우레와 같은 박수와 함께 등단한 강사의 첫 마디는 이러했다.

"방금 그 소개는 이렇게 해야 할 것입니다."

그러면서 사회자의 소개말을 자기 식으로 바꿔 버렸다. 사회자는 쓴웃음을 지을 수밖에 없었으나 청중 사이에선 더 큰 박수가 터져 나왔다.

바로 '나는 내 식으로 말한다'는 태도였다. 어떤 말이든 '내가 말하면 내 것이 된다'는 표본이라고 할까.

화술의 대가쯤 되면 같은 내용을 놓고도 더욱 감동적이고 효과적으로 전달할 수 있다. 그런데 중요한 사실은 여기서 말하는 사람의 개성이 실려 있어야 한다는 것이다.

당신의 스피치는 당신 이외의 어느 누구도 할 수 없는 것이다.

"공연히 자기 이상으로 보이려고 해서는 안 된다. 여러분에게 가장 익숙한 어휘로써 머리에 떠오르는 그대로 순수하게 이야기하라."

그 날 강의에서 강사가 마지막으로 한 말은 필자의 머릿속에 뚜렷하게 심어져 있다.

미사여구에 집착하지 마라

얼마 전 필자는 한 결혼식장에 참석했다가 사회자의 말을 듣고 쓴웃음을 참지 못한 기억이 있다.

"입춘가절 이 봄날에 신랑 신부가 해로동혈偕老同穴을 약조하고 이리도 성대한 화촉지전華燭之典을 올리게 됨을 하객 제씨와 더불어 경하해 마지않는 바입니다. 신랑으로 말하면 우리 회사의 보물로써······"

유능하고 똑똑한 신랑임을 자랑하고 싶은 동료의 심정을 이해하지 못하는 바는 아니지만, 예식 시간으로 주어진 30분 가운데 거의 10분 동안을 사회자가 인사말로 늘어놓고 있으니 주례 선생이 천장의 무늬를 감상하느라 자기 차례를 잊을 정도였다.

그리고 나서 한다는 말이 '이것으로 간단하나마' 였으니 참으로 고소를 금할 수 없었다. 사회자의 이런 미사여구로 결혼식의 분위기마저 어딘지 공허하게 느껴진 것은 필자만이 아니었던 듯하다.

아무래도 멋있는 스피치가 잘 안 된다고 스스로를 한심하게 여기는 사람이 적지 않다. 스피치라는 말만 들어도 물러서는 사람일수록 이런 경향이 강하다.

그러나 우리가 남의 스피치를 듣고 감명받은 경우를 생각해 보자. 우리의 가슴에 깊게 와 닿은 말들이 과연 미사여구였던가? 천만의 말씀이다.

미사여구를 사용한다고 청중에게 감명을 주는 것은 아니다. 평범한 용어로 진실을 있는 그대로 이야기할 때 청중은 감명을 받는 것이다. 미사여구가 청중에게 더 감명을 준다는 보장도 없고 그로 인해 목적을 달성한다는 인과관계도 없다.

선거 때가 되면 우리는 입후보자의 연설을 듣는 기회가 많다. 이때 소박하게 자신의 정견을 내놓는 사람과 미사여구로 오색 무지개를 그려 보이는 사람이 있는데, 대체로 후자에 대한 평은 '말은 그럴 듯하지만 글쎄……' 정도로 끝나기가 십상이다.

독일에서 나치스가 고개를 들 무렵 히틀러의 연설을 듣고 이렇게 평하는 사람이 많았다고 한다.

"히틀러는 제법 그럴싸하게 말을 하지만 내용이 없어서 들을 가치가 없단 말야."

솔직하고 꾸밈없이 가슴 밑바닥에서 나오는 이야기를 전해야 한다.

'천학비재인 제가 기라성 같은 여러분이 자리하신 앞에서 인사드릴 수 있는 영광에 오직 감루感淚할 따름이옵고'라고 하기보다는 '제가 여러분을 모시고 인사드리게 된 것은……' 정도로 말하는 것이 훨씬 수수하고 솔직해 보인다.

밑도 끝도 없이 미사여구만 나열하느라 엉뚱한 이야기만 늘어놓게 된다면 정말이지 희극이 아닐 수 없다.

자신의 견문이나 체험을 정리한다   "평소에도 화제가 궁해서 말을 잘 못하는데 그런 자리에서 나더러 무슨 말을 하라는 건가? 내가 웃음거리가 되는 것이야 어쩔 수 없지만 판을 깨 버리면 야단이니 제발 나 말고 다른 사람을 모시도록 하게."

결혼 주례사나 식사 등을 부탁하면 이렇게 말하면서 꽁무니를 빼는 사람이 있다.

그런데 그 사람은 이렇게 늘어놓은 말만 가지고도 자신이 제법 화제를 만들어 가며 말할 줄 안다는 것을 스스로 증명하고 있다.

누구나 '스피치용 화제'를 따로 가지고 있지는 않다. 알고 보면 각자의 생활에서 얻은 경험 따위를 스피치에서 적절히 활용하고 있는 것뿐이다. 보고 듣고 읽고 체험한 것과 생각한 것이 모두 화제이다.

그 가운데 스피치의 목적에 적합한 것만을 추출하여 정리하는 데 불과하다. 스피치의 화제를 풍부하게 지니고 싶다면 매일매일의 경험을 일기로 기록하는 것이 좋다.

또 신문이나 잡지 등을 읽다가 감동을 받은 부분은 스크랩을 하거나 기억해 두는 것도 좋은 방법이다. 그러한 이야기들이 모여서 당신의 화제를 풍부하게 해 준다.

이러한 노력은 스피치가 아닌 잡담에서도 유용하게 써먹을 수 있다. 전혀 노력하지 않고 스피치의 화제를 찾겠다면 그것은 얌체의 행동이다.

떠오르는 생각을 메모한다

"답장을 써야겠는데 할 말이 있어야지."

현대인들은 편지 쓰는 것을 무척이나 두려워한다. 단순한 문안 편지는 더욱 어렵다. 뚜렷하게 할 말을 못 찾기 때문이다.

이런 때는 먼저 '안녕하십니까'를 써 놓고 본다. 다음에 계절 인사를 쓴다. 그리고 끝에다 '이만 줄이겠습니다'를 써 놓는다. 그래도 적당한 말이 떠오르지 않으면 봉투에 저쪽 주소를 쓴다. 아무리 둔한 사람이라고 해도 저쪽 주소까지 쓰다 보면 할 말이 대충 떠오를 것이다. 이러한 순서를 우선 메모 형식으로 적어 나간다.

인간의 두뇌는 자극이 있을 때 움직이기 마련이다. 전혀 방향조차 잡지 못할 때, 의미가 없는 말이라도 몇 마디 적다 보면 두뇌가 자극되어 다음 말이 떠오른다.

스피치를 해야 할 경우 또는 부탁받았을 때 누구나 어떤 말을 어떻게 할 것인가를 생각하게 된다. 이때 먼저 머리에 떠오른 말이나 단문을 메모해 본다. 그렇게 하는 사이에 하나의 사상이나 감상이 정리되어 나온다. 그래서 결국 스피치에서 정리된 사상이나 감상을 거뜬히 발표할 수 있게 된다.

메모는 연상을 위한 것이기도 하지만 사상을 객관적으로 정리한다는 의미에서 중요성이 크다.

사상이나 감상이 떠오를 때마다 정리하고 메모하는 습관을 기르면 스피치의 재료도 풍부해지고 견문이나 체험을 정리해서 기억하는 능력도 향상되어 어떤 경우에도 당황하지 않게 된다.

걸으면서 줄거리를 세운다 | 소설에 등장하는 탐정이나 영화에 등장하는 주인공이 무언가 깊은 생각에 빠져 고민할 때는 방안을 왔다 갔다 하면서 고개를 끄덕이거나 중얼거린다.

무엇인가 생각해야 할 때는 흔히 책상 앞에 앉아서 하는데, 움직이면서 생각하는 데는 나름대로 이유가 있다. 움직임으로써 혈액 순환이 활발해져 정체된 생각을 새롭게 하기 때문이다.

칸트를 비롯한 동서고금의 유명한 사상가나 작가들이 산책을 즐긴 데서도 리듬에 의한 자극과 연상의 효용을 알 수 있다. 그렇다면 우리도 이 원리를 스피치에서 활용할 수 있지 않을까.

하루의 일과를 마치고 돌아오는 길에 스스로 주제를 정해 생각을 정리해 보자.

::**주제를 정한다**

지하철역에서 내리거나 버스에서 내린 다음 눈에 들어온 것 가운데 하나를 주제로 정한다. 상점의 네온사인도 좋고 밤하늘에 뜬 별이나 달도 좋다. 아니면 술에 취한 행인이나 길거리의 군밤 장수도 주제로써 무방하다.

::**주제를 따라 줄거리를 잡는다**

주제를 정했으면 길을 걸으면서 줄거리를 세워 이야기를 만들어 나간다.

"전철역에서 내리자마자 서너 명의 남자들이 술에 취해 떠드는 것을 보았다. 아마도 월급을 받은 날인가 보다. '월급은 쥐꼬리만큼 주면서 일은 황소 부리듯이 한다'는 등의 고함이 들린다. 혼자서는 찍소리 못해도 몇 사람만 모이면 세상 무서운 줄 모른다는 말이 있는데 바로 이런 경우라고 생각한다……."

이런 식으로 주제에 대한 이야기를 전개시켜 나간다.

:: 시간을 정하고 결론을 내린다

처음 주제를 정할 때 '집에 도착할 때까지' 또는 '집 앞 골목까지' 등으로 시간을 정하고 그때까지의 결론을 내리도록 한다.

이와 같은 연습이 곧 스피치에 활용된다는 말은 아니지만 이야기를 추진하는 센스와 요령은 익혀진다.

스피치에 익숙한 사람의 말을 듣는다

기술이란 한 마디로 '익숙해지는 것'이다. 연습을 거듭할수록 몸에 배게 되고 요령을 터득하게 된다. 익숙해지기 위해 연습하려면 견학을 해야 한다. 다른 사람의 스피치를 보고 배우라는 뜻이다.

연사의 말이 좋으면 좋은 대로 배울 것이 있고, 서툴면 서툰 대로 또 참고할 부분이 있다. 특히 첫 마디의 요령, 진행 방법, 결론으로 이끌어 가는 정리법, 예를 들어 가면서 설명하는 방법, 청중을 웃겨서 관심을 모으는 재주 등에 세심한 주의를 기울인다.

이러한 요령을 남보다 자세히 관찰하려면 대체로 다음과 같이 한다.

::**가능한 한 연사와 가까운 곳에 앉는다**

연단 가까이 앉으면 연사와 시선이 마주칠 기회가 많아지므로 연사의 마음을 쉽게 읽을 수 있다. 그러면 연사의 스피치를 귀로 듣고 눈으로 보고 마음으로 읽을 수 있는 것이다.

::**나름대로 요령을 생각해 본다**

'이런 첫 마디가 나오지 않을까.'
'본론은 이렇게 나누어지지 않을까.'
나름대로 이런 생각을 하면서 상대의 스피치를 예상하고 실제 스피치와의 차이를 알아본다.

::**녹음해서 듣는다**

허락을 얻어 녹음한 다음 얼마간 시일이 흐른 후 들어 본다. 현장에서 받은 인상과 녹음기에서 흘러나오는 목소리가 의외로 다르다고 느껴질 경우도 있다. 그러한 차이를 자신의 스피치에 참고로 한다.

청중의 계층과 모임의 성격을 파악하라

청중이 어떤 계층인지 모르고 모임의 성격을 파악하지 못하면 어울리지 않는 스피치를 하게 된다.

스피치는 듣는 상대와 그 자리가 어떤 성격의 모임인지에 따라 내용이 달라진다. 따라서 스피치를 해야 할 때는 다음의 사항을 의뢰자에게 확인하든가 직접 조사해서 파악해 두어야 한다.

- 예상 인원 수 및 연령층과 성격
- 직업(업종과 그 직위)
- 교육 정도(학력 및 전문 분야)
- 정치 · 사상 · 종교적 성향
- 연사와 청중과의 관계(첫대면이냐 지면이 있느냐)
- 주제에 대한 청중과 관심과 희망
- 스피치를 하게 된 동기
- 할당 시간과 시간대
- 다른 연사와의 관계(스피치의 차례와 전후의 연사에 관한 사항)

흥분 해소법

아무리 뛰어난 연사라도 연단에 서면 흥분하게 된다. 그 흥분이 얼마나 오래 지속되느냐, 또 겉으로 얼마나 드러내느냐 하는 차이만 있을 뿐이다.

연단에 섰을 때 흥분을 가라앉히기 위해서는 다음과 같은 방법들을 써 보자.

- 마이크 앞에 서면 먼저 심호흡을 천천히 2~3회 한다.
- 두 주먹을 불끈 쥔다. 마이크를 한 손으로 잡는 경우라면 다른 손에

- 동전이나 만년필 등을 쥐고 힘을 준다. 아무것도 없을 때는 엄지손가락을 손바닥으로 강하게 쥔다.
- 마이크의 높이와 방향을 조절해 본다. 천천히 마이크를 조절하면 스피치에 익숙한 사람처럼 보일 뿐만 아니라 그 동안에 마음의 여유가 생긴다.
- 처음 얼마 동안은 아는 사람을 찾아 그 얼굴을 쳐다본다. 모르는 다수의 사람 앞에 섰다는 불안감이 사라질 것이다.
- 손목시계를 테이블 위에 풀어 놓는다.
- 테이블 위에 물컵이 준비되어 있으면 천천히 물을 마신다. 여기서 주의할 것은 흥분이 지나쳐 컵을 잡은 손이 떨릴 정도라면 오히려 역효과가 나타난다.
- 모든 동작은 아주 천천히 한다. 특히 인사는 허리를 굽혀 정중하게 하면서 시간을 번다.
- 첫 마디를 천천히 시작한다.

이상의 여러 가지 흥분 해소 방법이 있지만, 그 어느 것보다도 효과적이고 중요한 것은 솔직하게 있는 대로 이야기하겠다고 마음을 먹는 일이다.

스피치의 비결을 묻는 말에 버나드 쇼는 이렇게 말했다.

"별 것 아냐. 스케이트를 타 본 적 있나? 실패해도 비웃어도 부끄러워하거나 두려워하지 않고 그저 연습만 하면 되는 거야."

스피치의 첫 마디

"저는 ○ ○ ○ 라고 합니다."

스피치를 할 때 누구나 잊지 않고 꼭 하는 첫 마디이다. 여기까지는 누구나 대체로 잘 한다. 그러나 그 다음이 문제다. 이제부터는 미사여구를 늘어놓거나 들은 풍월을 자랑하겠다며 없는 힘을 쓰기 때문에 역효과가 나타난다.

자기 것으로 소화시키지 않고 달달 외우기만 한 말을 떠올리느라 시선이 공허해지고 표정은 죽어 버린다. 이야기하는 내용도 얼굴 표정도 모두 죽어 있는데 듣는 사람에게 공감이 일겠는가.

특히 첫 마디를 잊고 나면 그 뒤의 말은 모두 하얗게 지워지고 만다.

우리가 읽은 명작 소설은 대부분 첫 문장이 간단명료하다. 이와 마찬가지로 스피치에서도 첫 마디를 간단명료하게 시작하는 것이 좋다.

알고 있는 말이나 쉬운 말로 시작해야 한다. 주제와 상관없는 말은 스피치에 전혀 도움이 되지 않는다.

스피치의 끝맺음

모처럼 청중과 호흡이 맞는 스피치를 하고서도 끝에 가서 공연히 쓸데없는 말을 하여 김을 빼 버리는 경우를 종종 본다.

"길게 늘어놓아……."

"여러분의 귀중한 시간을 빼앗아……."

이런 식으로 끝을 맺는 것이 그 대표적인 예이다. 그런가 하면 스피

치를 잘 끝내고 막 박수가 터져 나오려는 순간,

"아 참, 한 가지 더 말씀드릴 것은……."

이라고 하여 산뜻하게 끝내지 못하는 경우도 보기에 흉하다. 일단 결론을 내렸으면 미련 없이 연단에서 내려와야 한다.

청중에게 가장 인상에 남는 것은 맺음말이다. 스피치 도중에는 졸거나 딴전을 피우던 사람도 끝날 무렵이면 연사의 말에 귀를 기울이는 법이다.

스피치에서 맺음말이 중요한 것은 이 때문이다. 맺음말의 요령을 정리해 보면 다음과 같다.

- 요약해서 맺는다.
- 소원이나 원하는 바를 천명하면서 맺는다.
- 결의나 맹세로써 맺는다.
- 협조나 지원을 요망하면서 맺는다.
- 전체의 포인트를 강조하면서 맺는다.
- 여운을 남기면서 맺는다.
- 문제를 제기하면서 맺는다.

맺음말에 널리 알려진 명언이나 속담을 인용하는 것도 한 방법이다. 역사에 남은 유명한 스피치의 맺음말을 살펴보자.

- 승패는 최후의 5분에 있다.(나폴레옹)
- 죽음 아니면 자유를 달라.(헨리)
- 인류는 전쟁에 종지부를 찍어야 한다. 만약 그렇지 못하면 전쟁이

인류에게 종지부를 찍을 것이다.(케네디)
- 학식 있는 바보는 무식한 바보보다 더 바보다.(몰리에르)
- 하나를 죽이면 살인죄요, 백만 명을 살육하면 영웅이 된다.(채플린)

스피치의 속도

인간이 가장 듣기 쉬운 말의 속도는 분당 270~280자라고 한다. 뉴스 시간에 아나운서가 하는 말의 속도는 분당 300자 정도, 스포츠 중계 때 아나운서의 말은 분당 350~500자 정도라고 한다. 그리고 만담가가 신나게 주워섬길 때의 말의 속도는 무려 700자 이상이다.

가장 듣기 편한 예는 드라마의 나레이션이나 시 낭송 속도이다. 스피치는 이 정도 속도로 말하는 것이 가장 적절하다. 정해진 시간 안에 서론·본론·결론을 모두 말할 수 있어야 한다.

속도와 더불어 간결하고 짧게 말하는 것도 중요하다.

"한 시간 정도 이야기할 내용이라면 준비하지 않아도 할 수 있다. 20분 동안 이야기하려면 2시간의 준비가 필요하다. 5분 동안의 스피치를 위해서는 최소한 하루의 준비가 필요하다."

월슨 대통령의 이 말은 간결하고 짧게 말하는 것이 얼마나 어려운가를 대변해 준다. 짧으면 짧을수록 문장의 한 마디 한 마디가 생동적이어야 하기 때문에 더 어려운 것이다.

짧게 요점을 말하는 기술을 몸에 익히려면 평소에 시간에 대한 감각을 길러야 한다. 이러한 훈련은 출퇴근 시간을 이용하면 좋다.

즉, 대문을 나서서 버스 정류장까지는 5분 걸리는데, 그 중간에 1분 거리에는 슈퍼마켓이 있고, 3분 거리에는 약국이 있다는 식으로 확인을 해 두고, 1분짜리 스피치를 준비하여 슈퍼마켓에 도착할 때까지 연습한다. 또 다음날에는 3분짜리 스피치를 준비하여 약국 앞에 도달할 때쯤 끝맺음을 할 수 있도록 연습한다.

거리를 걸으면서 중얼거리면 남이 이상하게 생각할지 모른다는 생각은 버리자. 남의 시선을 의식하노라면 세상만사 가운데 제대로 할 수 있는 일이란 별로 없을 것이다.

사회가 전체적으로 템포가 빨라져 너나 할 것 없이 말이 빨라져 가고 있다. 특히 청소년 세대의 말을 들으면 어조도 빠르고 문법 파괴에 가까울 정도로 생략법을 많이 사용한다는 것을 느낄 수 있다. 바쁜 세상에 빠르게 말하는 것도 좋지만, 여유를 가지고 천천히 이야기하는 것도 한편으로 생각해 봐야 하지 않을까.

말이 많으면

누군가 결혼 피로연에서 스피치를 의뢰받자 이렇게 말했다.

"흔히 스커트와 스피치는 짧을수록 좋다고들 합니다만 저는 그렇게 생각하지 않습니다. 스커트와 스피치는 차라리 없는 편이 훨씬 낫습니다."

스커트와 스피치는 비슷한 음이면서도 이질적인 것을 함께 들어 듣는 사람의 귀를 쫑긋하게 하는 의미를 담아 낸 말이다.

길고 지루한 스피치는 언어의 공해이고, 그 내용이 반사회적이라면 일종의 범죄 행위에 버금갈 것이다.

대체로 이야기를 들으면서 '너무 길다' 하고 느끼기 시작하는 것은 2분 30초 경과 전후라고 한다. 그렇다면 아무리 길어도 3분을 초과하는 스피치는 훌륭한 스피치가 아니라는 결론이 나온다. 3분 동안에 할 수 있는 말을 원고로 정리하면 700자 정도이다. 사전에 원고를 준비하려면 이 정도 분량으로 끝내야 한다.

13
사교를 위한 화술

사자의 테이블 스피치

한 유명 인사가 오찬에 초대되었다. 식사가 끝나자 제일 질색인 테이블 스피치 시간이 다가왔다. 사람들은 모두 그가 무슨 말을 해 주기를 바라고 있었다.

그러자 그는 일어나서 이야기를 시작했다.

"네로 황제 시대에 한 기독교도가 투기장으로 끌려 갔습니다. 그리고 맹수 우리의 문이 열렸습니다. 한 마리의 사자가 뛰쳐나왔습니다. 불쌍한 기독교도의 목숨은 기적이 일어나지 않는 한 가망이 없어 보였습니다. 사자는 그에게 덤벼들었습니다. 그러나 그 사나이는 사자의 귀에 대고 한두 마디 속삭일 틈이 있었습니다. 그런데 이게 웬일일까요. 기적이 일어났습니다. 미친 듯 날뛰던 사자는 몸을 사리며 뒤로 물러났습니다. 그리고 마침내는 투기장에서 나가 버렸습니다. 네로는 즉시 그 기독교도를 불러다가 사자에게 무슨 말을 속삭였는지를 말하면 목숨을 살려 주겠다고 했습니다. 기독교도의 대답은 이랬습니다. '사자에게 이렇게 말했을 뿐입니다. 나를 잡아먹으면 너는 식후에 테이블 스피치를 해야 한다고요. 그러자 사자는 기겁을 하면서 도망가 버렸습니다.'"

사교적 대화의 원칙

사교적 대화가 필요한 경우는 무수히 많다. 친구 몇 명이 모여서 저녁을 같이하는 경우처럼 간단하면서 편안한 자리가 있는가 하면, 큰 규모의 칵테일 파티처럼 제각기 대단한 사람들이 많이 모이는 자리도 있다. 결혼식이나 회갑연 같은 경우는 이 두 극단의 중간에 놓일 것이다.

이러한 경우들은 서로 각각 다르겠지만 대화의 원칙은 똑같다. 마음을 열고 상대와 서로 소통할 수 있는 공통 기반을 먼저 찾아야 한다. 그리고 언제나 남의 말에 귀를 기울여야 한다.

오늘날에는 사교적 대화에서 성공하기 위해서는 각종 정보에 익숙해 있어야 할 필요가 있다. 세상이 어떻게 돌아가는지 알고 있어야 한다는 말이다.

얼마 전까지만 해도 사교적 대화가 어떤 한 가지 주제에 집중되는 일이 매우 드물었다. 그 까닭은 당시 사람들은 뉴스와 여론을 지금 사람들만큼 충분히 접할 수 없었기 때문이다. 그들이 얻을 수 있었던 정보는 양도 적었을 뿐만 아니라 속도도 지금보다 훨씬 느렸다.

그러나 지금은 커뮤니케이션 혁명의 결과 사람들은 지구상 곳곳에서 일어나는 일을 즉시 알 수 있다. 그렇기 때문에 그러한 정보들을 모르면 사교적 대화에서 외톨이로 몰리기 쉽다.

성공적인 대화꾼이 되기 위해서는 다른 사람의 마음속에 들어 있는 일에 관하여 말할 수 있어야 한다. 그리고 당신이 상대하는 사람의 마음속에는 방금 저녁 뉴스에서 본 내용이 남아 있을 수도 있다.

현대 세계에서 대화를 잘 하려면 당신이 말하는 바와 상대의 관심이 어떻게든 연관되어야 한다. 지금 이 순간에도 엄청나게 많은 일들이 전해지고 있고, 그 사람이 관심을 가질 만한 일의 가짓수도 그만큼 많다. 오늘날 사교적 대화를 잘 하기 위해서 필요한 것은 바로 그러한 최신 정보를 얼마나 많이 알고 있느냐이다.

칵테일 파티에서의 화술

대개의 사람들은 한 명의 상대를 정해 일대 일로 대화하는 것을 좋아하지 여러 사람을 상대로 이야기하는 데 부담감을 느낀다. 따라서 칵테일 파티와 같이 많은 사람이 모여서 시끌벅적한 자리에 가면 먼저 그 분위기에 압박감을 받는다.

이럴 때는 운집한 사람 수에 압도당하는 것보다는 거기에 참석한 사람 가운데서 일대 일 대화를 할 만한 사람을 찾아보는 것이 좋다. 먼저 자리를 잡고 나서 누군가를 한 사람 골라 대화를 시작하는 것이다. 만약 거기서 일어나고 있는 일들에 골고루 흥미를 가지고 있는 것처럼 보이는 사람이 있다면 바로 그 사람이 가장 좋은 대화 상대이다.

때로는 다른 사람들이 하고 있는 대화가 당신의 흥미를 끄는 경우도 있다. 그럴 때는 그 사람들 틈에 자연스럽게 끼어들어 같이 이야기를 나눈다.

한 가지 기억해 둘 것은 한자리에 너무 오래 있는 것은 피해야 한다는 점이다. 칵테일 파티에서 당신 자신을 성공적으로 보이려면 여러 사람과 어울리지 않으면 안 된다.

파티에 참석한 사람들은 대부분의 경우 당신과 이미 안면이 있을 것이다. 이웃, 직장 동료, 같은 직장에서 일하지는 않더라도 일하는 분야는 같은 사람들…… 그런 사람들과 만나는 경우에 대화를 시작하기 위한 화젯거리를 대여섯 가지는 준비하고 있는 편이 바람직하다.

칵테일 파티에서 대화를 잘 하는 비결은 질문을 잘 하는 데에 달려 있다. 특히 '왜?' 라는 질문을 적절히 활용하는 것이 대화의 비결이다.

누군가가 이사를 하게 되었다고 하면 왜냐고 묻는다. 또 어떤 사람이 직장을 옮겼다고 하면 왜냐고 묻는다. 이렇게 묻다 보면 이야기는 바람직한 방향으로 발전해 나가는 것이다. '왜?' 라는 질문은 언제 어느 상황에서도 통할 수 있는 질문이다.

그리고 그 질문은 대화에 생기와 흥미를 불어넣는 데 가장 확실한 방법이다.

대화가 지루하게 느껴진다거나 다른 곳으로 옮겨 가야 할 시점이라고 판단될 때는 확실한 방법이 하나 있다.

"잠깐 실례하겠습니다. 화장실에 잠시……."

이렇게 말하는데 붙잡는 사람은 없을 것이다.

그런 자리에서는 서로 분주하기 때문에 금방 돌아오지 않는다고 해서 책망받을 일도 아니다.

화장실 핑계 말고 다음과 같은 말도 대화에서 빠져 나오는 데 적절하게 써먹을 수 있다.

"이거 정말 맛있는데요. 한 접시 더 갖다 먹어야겠어요."

"저쪽 테이블에서 내게 용무가 있는 것 같군요. 잠시 가 봐야 하겠습니다."

"잠깐 실례하겠습니다. 저기 오래 못 본 친구가 보여서 인사를 해야겠네요."

이러한 말은 상대가 이야기하다가 잠시 숨을 돌리는 순간을 잡아서 정중하게 하면 된다. 그러나 칵테일 파티와 같은 자리라면 대화에서 빠져 나올 때 '좋은 말씀 듣게 되어서 반가웠습니다' 라는 한 마디로도 크게 실례가 되지 않는다.

소규모의 저녁 식사 자리에서

개인적으로 말하자면 몇 사람이 모여 저녁 식사를 먹는 자리에서 나누는 대화가 필자에게는 가장 쉽다. 대부분의 사람들도 마찬가지일 것이다.

보통 이런 자리에는 서로 잘 알거나 아니면 공통점을 지닌 사람들이 모인다. 따라서 다른 사람에게 말을 걸기 위해서 사용할 수 있는 방법의 폭이 넓어진다. 상대도 마찬가지이다.

그런 자리에 갔을 때 필자가 즐겨 하는 일은 대화의 흐름을 이끄는 일이다. 그렇다고 필자 혼자서 떠든다는 뜻은 아니다. 오히려 필자는 말을 적게 하는 편이다.

대화의 흐름을 유도한다는 것은 좋아하는 화제에 관해 대화가 이루어지도록 하고, 자신이 원하는 방향으로 이야기가 흘러가도록 유도하고, 그러면서도 참석자 모두가 즐거운 기분을 가지게끔 하는 것이다.

이렇게 하기 위해서는 참석한 사람들 모두가 그 대화에 흥미를 느낄 수 있어야 한다.

이런 종류의 대화에서는 특히 남의 말을 경청하는 자세가 중요하다.

하지만 이런 경우에도 어쩔 수 없는 경우가 종종 발생한다. 참석자 중에 누군가 술에 취했다거나, 직장에서 기분 나쁜 일을 당했다거나, 또는 가정에 불행한 일이 있어서 전혀 이야기할 기분이 아니라면 그런 사람에 대한 배려도 해 주어야 한다. 될 수 있는 대로 그 사람에게는 말을 시키지 않고 다른 사람들이 말을 조금 더 많이 하는 것이 좋다. 물론 그 사람으로 하여금 골치 아픈 문제를 잠시 잊고 마음을 가라앉힐 수 있는 가벼운 화젯거리를 찾을 수 있다면 가장 좋을 것이다.

이런 자리에서 소수 몇 사람의 전문 분야에 속하는 화제는 피해야 한다. 그렇지 않으면 그 사람들만 이야기하고 다른 사람들은 대화에서 소외되기 쉽다.

직장의 이야기가 가장 대표적인 예다. 가령 다섯 사람이 모였는데 그중의 세 사람이 같은 직장에서 일한다고 해 보자. 한 사람이 직장 이야기를 꺼내면 그 세 사람은 당장 자기네 직장 이야기로 몰입해 들어갈 것이다. 그러면 나머지 두 사람은 그 직장에서 무슨 일이 일어나는지 알지도 못 하고 알아야 할 필요도 없으니 곧 무료함에 빠지게 된다.

또한 이런 자리에서는 당신의 의견만을 계속 내세워서는 안 된다. 다른 사람의 의견을 물음으로써 당신은 대화를 잘 하는 사람으로 기억될 것이다.

협상의 명수로 불리는 헨리 키신저 역시 남의 의견을 물어보는 데 인색하지 않았다. 자신의 전문 분야에 속하는 문제에 관해서도 그는 상대에게 말할 기회를 주기 위해 자주 말을 멈추고는 '당신은 어떻게 생각합니까?' 하고 묻곤 했다.

간략하게 이야기하라

사교적인 대화를 하면서 혼자서 너무 오래 말하는 것은 좋지 않다. 사람들은 어느 정도까지는 당신이 말을 잘 한다고 생각하다가 그 한도를 벗어나게 되면 지루함을 느끼기 시작한다.

상대에게도 말할 기회를 주어야 한다. 선거 때 후보자들이 텔레비전 토론을 하는 것처럼 같은 양의 시간을 주어야 하는 것이다.

자신이 하고 싶은 이야기를 시시콜콜 다 설명할 필요는 없다. 사람들은 대개 말을 시작하기 전에 이렇게 서두를 꺼낸다.

"다 이야기하자면 길지만 간단히 말하겠습니다."

그러나 그렇게 말해 놓고 간단히 하는 사람은 별로 못 봤다. 만약 서두에 누군가 그렇게 말한다면 바로 그 순간부터 장황한 이야기를 들을 각오를 해 두는 게 좋다. 하지만 당신은 그렇게 해서는 안 된다. 하고 싶은 이야기를 간략하게 하라. 여러 사람이 모인 자리일수록 이야기는 짤막하게 하는 것이 인상적이다.

말을 너무 길게 하면 듣는 사람에게 좋은 인상을 주기 어렵다. 상대가 당신에게 호감을 느끼다가도 말을 길게 하는 것을 보고 마음을 고쳐먹을 수 있다. 말을 너무 많이 하는 데 따르는 대가는 신용을 잃기 쉽다는 것이다. 무대에서 퇴장할 때를 아는 사람이 현명한 것이다.

가정법 질문으로 이야기를 이끈다

사교적인 대화에서 가정법으로 질문하는 것은 대화를 시작하는 데 아주 좋은 방법이다. 이야기의 맥이 잠시 끊겼을 때 그것을 계속 이어가는 데도 도움이 된다.

가정법 질문이란 '만약…… 한다면 어떻게 될까요?' 라는 형식을 갖는다. 몇 가지 예를 들어 보면 다음과 같다.

"선동열 투수가 빠진 해태가 이번 시즌에 하위권을 맴돈다면 김 감독의 거취가 어떻게 될까요? 그 동안 일곱 번이나 한국 시리즈에서 우승한 김 감독이 경질될까요?"

"우리나라에서 다시 군부 쿠데타가 발생한다면 국민들의 저항이 어느 정도일까요?"

"만약 당신이 복권에 당첨되어 5억 원이 갑자기 생겼다면 가장 먼저 무엇을 하고 싶습니까?"

이런 식의 질문은 얼마든지 만들어 낼 수 있다. 어떤 상황에 처해 있더라도 최근의 뉴스를 사람들의 관심 분야에 연계시키는 방법을 찾아낼 길은 늘 열려 있다.

또한 위의 예처럼 특별한 화젯거리가 아니더라도 때로는 윤리적 문제나 철학적인 문제를 가상하여 물어봄으로써 좀 더 진지한 대화를 이끌어 갈 수도 있다. 단, 그런 질문을 할 때는 그 자리에 참석한 사람들의 나이라든가 학력, 사회적 지위 등을 고려하여, 참석자들 모두가 관심을 가질 수 있는 내용으로 선정하는 것이 좋다. 모든 사람의 관심을 끄는 질문이 가장 좋은 질문인 것이다.

가령 다음과 같은 가상 질문은 참석자들로부터 여러 가지 의견을 도출할 수 있을 것이다.

"가장 친한 친구가 암으로 죽어 가면서 '은행에 3,000만 원이 예금되어 있으니 내가 죽거든 그 돈으로 내 아들을 법대에 보내 주게.' 라는 유언을 남겼다. 친구는 그러한 사실을 자신의 가족에게도 알리지 않고 세상을 떠났다. 하지만 친구의 아들은 공부에는 관심도 없고 못된 녀석들과 어울려 다니기만 했다. 3,000만 원이 생기면 몇 달 안 되어 다 탕진해 버릴 게 뻔했다. 반면에 당신의 아들은 착실히 공부해서 법대에 가서 법관이 되기를 갈망하고 있다. 과연 그 돈은 누구에게 줘야 옳을까?"

이러한 논제가 주어지면 그 자리의 대화는 무궁무진하게 이어지게 마련이다. 각기 나름대로의 의견이 있고, 대부분 서로 다른 의견을 내놓겠지만, 옳고 그름의 판단은 내리지 않는 것이 좋다.

하지만 자연적으로 대화가 잘 진행되고 있다면 이런 가상적인 질문 따위는 하지 않는 게 좋다. 그런 질문에 답을 구해서 어디에 써먹겠는가. 단지 대화가 지지부진해서 잘 진행되지 않고, 따라서 그 자리가 모두에게 어색하다면 생기를 불어넣기 위해서 그런 가상의 질문으로 윤활유를 칠 수 있다는 것이다.

◆ 결혼식 및 장례식에서의 화술

결혼식과 같은 자리에서는 비록 처음 만나는 상대일지라도 그 자리에 알맞은 화제가 얼마든지 있다.

"신랑을 아세요? 신랑은 저하고 고등 학교 동창인데 신부는 오늘 처음 봅니다. 신부가 무척 아름답죠?"

신랑이나 신부에 대한 이야기만으로도 화젯거리는 충분할 것이다. 상대도 마찬가지이다. 그 사람 역시 신부나 신랑에 관해서 아는 바가 많을 것이기 때문이다.

"신혼여행은 어디로 간대요?"

"제주도로 간다는 것 같던데요."

"제주도라면 저도 가 본 적이 있죠."

이런 식으로 신혼여행에 관한 이야기로도 얼마든지 화젯거리를 만들어 낼 수 있다. 결혼식에서 만나는 사람들과는 대개 편한 마음으로 이야기를 나눌 수가 있는 것이다.

그러나 장례식의 경우라면 이보다 훨씬 까다로운 게 당연하다. 까다로운 만큼 지켜야 할 원칙도 있다.

상가에서 상주측 사람과 인사를 나눌 때 하나마나 할 정도로 뻔한 말은 하지 않는 것이 좋다.

"상심이 얼마나 큰지 저도 잘 압니다."

"이거 참 비극입니다. 갑자기 이런 변을 당해서 뭐라고 말씀드려야 할지 모르겠습니다."

상가에서 흔히들 하는 말이지만, 이런 식의 표현은 그다지 바람직하지 않다. 상을 당한 가족이 겪는 슬픔의 크기를 당신이 어떻게 잴 수 있단 말인가. 같이 비통해하는 척하기보다는 당신 자신이 어떻게 느끼는지를 말하는 편이 낫다. 예를 들면 고인에 대한 추억담 등으로 애도를 대신하는 것이다.

"한번은 이런 일이 있었답니다. 내가 직장을 그만두고 실의에 빠져 있을 때였는데, 고인이 나를 찾아와서는 술을 한잔 사면서 용기를 잃지 말라는 이야기를 하는 것이었습니다. 나는 그 날 고인한테서 참으로 뜨거운 우정을 느꼈습니다."

이런 이야기는 당신과 고인 사이에 개인적으로 있었던 일에 관한 추억이다. 고인이 생전에 가족들에게 그 이야기를 했을 가능성이 낮은 이상, 고인의 가족들도 그런 이야기에 흥미를 보일 수 있다. 또한 당신은 그런 이야기로 고인에 대한 애도의 뜻을 대신 표시하는 것이다.

만일 당신과 고인이 개인적으로 잘 모르는 사이였다면 그 사람이 생전에 이룩한 업적에 관해서 짤막하게 말하면 된다. 그가 자기 분야에서 얼마나 열심히 일했는지, 그가 주위 사람들로부터 얼마나 존경을 받았는지 등을 언급하면 된다.

그러나 무엇보다도 문상을 갔을 때 유의해야 할 점은 말을 간략하게 하는 것이다. 그런 자리에서 당신이 말을 얼마나 잘 하는지에 관심을 기울일 사람은 없다. 단순히 '정말 안됐습니다. 고인에 대해서는 결코 잊지 못할 겁니다' 라고 진정 어린 어조로 말하는 것만으로 충분하다.

즐기기 위해서 장례식에 가는 사람은 없다. 자기들이 사랑했던 사람의 장례를 애도하고 고인의 삶에 대한 추념을 서로 나누기 위한 것이 전부이다.

따라서 고인에 대한 존경과 애정을 표시하는 것이 무엇보다도 중요하다. 유족의 슬픔에 대한 공감 역시 중요하다. 말을 짧게 하는 것이 좋고, 한두 마디의 유머가 도움이 되는 경우도 있다.

Part 2 _화제 백과
당신의 화제를
풍부하게 하는 길라잡이

01
따분한 분위기를 바꿔 주는 유머와 위트

대화를 할 때 상대가 재미있다고 느끼게 하기 위해서는 여러 가지 화제를 준비해야 한다. 일반적으로 듣는 사람이 즐거워하는 화제로는 유머가 적격이다.

아무리 능변가라 하더라도 유머가 섞이지 않은 화술로는 상대를 끌어들이지 못한다. 유머가 섞이면 대화는 보다 즐거워진다. 유머는 마음을 부드럽게 하고 따분한 분위기를 전환시켜 주므로 화제로써는 그지없이 좋은 것이다. 또한 대화가 끊어지지 않도록 도와주는 역할도 한다.

유머 있는 사람은 고지식하고 답답한 사람이 아니므로 누구나 친밀감을 갖게 된다. 그런 의미에서 유머는 대화가 막히거나 분위기가 따분해질 때 가장 적절한 무기가 될 수 있다. 누구나 갑자기 사람을 대하게 되면 긴장하고 때로는 불안감을 느끼기조차 한다. 이럴 때 유머는 대화의 계기를 만드는 데 도움이 된다.

가령 기업체에서 경영 전략의 수립과 그것의 집행에 관해서 이야기하는 자리라고 하자. 이런 주제의 이야기를 할 때는 자연히 분위기가 딱딱해질 수밖에 없다. 그럴 때 다음과 같은 유머를 사용하면 어떨까.

사례

제1차 세계 대전 때 미국의 코미디 작가 윌 로저스는 단번에 전쟁을 끝낼 수 있는 좋은 방법이 있다고 큰소리쳤다. 그 방법에 대해 로저스는 다음과 같이 말했다.

"내가 보기에 문제는 독일의 잠수함 U보트들이 우리 함정을 침몰시킨다는 데 있습니다. 그러니 대서양을 가열해서 팔팔 끓여 버리면 바다가 너무 뜨거워서 독일 잠수함들이 바다 위로 떠오르지 않을 수 없을 것입니다. 그때를 기다렸다가 오클라호마에서 오리 사냥이라도 하듯이 그놈들을 하나하나 박살내 버리면 됩니다."

그리고 로저스는 말 끝에 이렇게 덧붙였다.

"물론 내가 이렇게 말하면 사람들은 대서양을 섭씨 100도로 끓일 방법에 대해 물을 것입니다. 하지만 그 문제는 기술자들이 해결할 문제이지 내가 해결할 문제는 아닙니다. 나로 말할 것 같으면 정책을 수립하는 사람이지 그것을 집행하는 사람은 아니기 때문입니다."

이런 이야기를 해 놓고 좌중의 웃음이 좀 가라앉기를 기다렸다가 본래의 논지로 되돌아간다. 즉, 경영 전략의 수립과 그것의 집행 사이에는 이와 같은 괴리가 있다는 식으로 말하면 되는 것이다. 그냥 딱딱하게 본론을 이야기하는 것보다 훨씬 효과적일 것이다.

그렇다면 대화에서 유머를 적절히 활용하기 위해서는 어떻게 해야 할까.

유머는 평소에 자주 쓰는 습관을 들여야 한다. 유머의 센스는 연습으로 익힐 수 있다. 즐거운 대화를 염두에 두면 힌트는 얼마든지 있다.

유머의 구사를 연습하기 위해서는 다른 사람들의 유머 감각을 눈여겨 익혀 두어야 한다. 선인들 가운데도 일생을 유머와 위트로 지낸 사람이 많다. 외국의 예를 들면 링컨이라든가 마크 트웨인 등이 그러하고, 우리 선조들로는 오성과 한음·봉이 김선달·정수동·월남 이상재 선생 등을 꼽을 수 있다.

평소에 그런 사람들의 일화를 알아 두었다가 적절한 장소에서 적절히 활용하는 것이 좋다. 선인의 일화를 활용할 때는 알고 있는 내용을 그대로 이야기하는 것보다는 때와 장소에 맞도록 약간 각색해서 말하는 것이 훨씬 효과적이다.

당신의 화제를 보다 풍부하게 해 줄 유머 몇 가지를 소개해 본다.

:: 칸트의 소매

철학자 칸트는 옷을 입는 데는 매우 대범하여 옷매무새에 그다지 신경을 쓰지 않았다. 어느 날 그의 해어진 옷소매를 보고 수다쟁이 친구가 제 딴에는 제법 유머 있게 말한다고 이렇게 중얼거렸다.

"여기 이 소매로 학식이 빠져 나와 있군."

그러자 칸트는 즉시,

"그리고 그것을 한 어리석음이 들여다보고 있군."

하고 대꾸했다.

:: 장갑을 끼고 있으니까

미국의 소설가 마크 트웨인이 런던 여행길에 화가 휘슬러의 화실을 방문하게 되었다.

트웨인은 휘슬러의 안내를 받으며 최근의 작품을 감상하다가 한쪽 구석에 세워진 캔버스에 손을 댔다. 그러자 휘슬러가 깜짝 놀라면서 말렸다.

"안 돼, 거기에 손을 대면 안 돼! 아직 물감이 마르지 않았단 말이야."

그러자 트웨인의 대답이 가관이었다.

"괜찮아. 봐, 나는 장갑을 끼고 있잖아."

::2인분

쇼펜하우어가 어느 호텔 식당에서 식사를 하고 있었다. 그는 원래 대식가로서 유명하였다.

쇼펜하우어가 2인분의 식사를 시켜서 먹는 것을 보고 옆자리의 한 손님이 들으라는 듯이 혼자서 중얼거렸다.

"맙소사! 혼자서 2인분을 먹는 사람도 있단 말야?"

그 말을 들은 쇼펜하우어는 그 손님을 향해서 정중히 말했다.

"물론 나도 그 중의 한 사람입니다. 하지만 그 대신 나는 2인분의 생각을 합니다."

::시인 워즈워스의 사진

어느 유명한 배우가 커다란 사진 액자를 하나 사서 분장실에 걸어 놓았다. 그러자 친구가 그것을 보고,

"자네는 워즈워스를 숭배하고 있군 그래."

하고 말했다. 그러자 배우는 어리둥절하면서 물었다.

"워즈워스라니, 그 사람이 누군데?"

"누구냐고? 저 액자 속의 인물이 그 유명한 계관시인 워즈워스 아닌가!"

"아, 저 할아버지 말인가? 나는 할아버지로 분장할 때 주름을 연구하기 위해 저 액자를 샀단 말이네."

장미 도둑

발명왕 에디슨은 말년에 장미를 가꾸는 취미를 갖고 있었다.

어느 날 아침 에디슨이 정원에 나가 보았더니 화단이 완전히 쑥밭이 되어 있었다. 밤 사이에 도둑이 들어 장미꽃을 꺾어 가면서 마구 쥐어뜯어 놓은 것이다.

에디슨은 말뚝에 가위를 매달고 그 옆에 이렇게 써 붙였다.

'꽃도둑에게 고함. 반드시 가위를 사용해서 꽃을 꺾을 것.'

이튿날 아침 다시 나가 보니 푯말에는 이런 말이 덧붙여져 있었다.

'친절해서 고맙소. 그러나 기왕이면 잘 드는 가위를 준비해 두시오.'

의사와 화가

화가 휘슬러는 프랑스산 애완견 푸들을 기르고 있었는데, 그 강아지가 목이 아프자 유명한 이비인후과 의사에게 왕진을 청했다. 왕진을 와 보니까 환자가 사람이 아니라 개였으므로 의사는 속으로 무척 화가 났다. 그러나 아무 말 않고 치료를 해 주고는 그냥 돌아갔다.

이튿날 의사는 휘슬러에게 사람을 보내 급한 일로 병원까지 좀 와 주었으면 좋겠다는 전갈을 했다. 휘슬러는 무슨 일인가 싶어 그리던 그림을 밀쳐 놓고 달려갔다.

그러자 의사는 무뚝뚝한 얼굴로 그를 맞으면서 이렇게 말했다.

"마침 잘 오셨습니다, 휘슬러 선생. 우리 병원 현관의 페인트가 벗겨졌는데 칠을 좀 부탁합니다."

∷ **농담**

한 부인이 몹시 흔들리는 다리를 건너가게 되었다. 그녀는 너무도 무서워서 이렇게 기도했다.

"하나님, 이 다리를 무사히 건너게만 해 주신다면 10달러를 기부하겠습니다."

그러나 다리를 거의 다 건너갈 무렵 그녀의 생각은 바뀌었다.

"10달러는 너무 많으니 반으로 깎겠습니다."

순간 그 다리는 심하게 흔들리기 시작했다. 다급해진 부인은 이렇게 외쳤다.

"농담 좀 했기로서니 이렇게 심하게 흔들 건 뭐 있습니까? 10달러 다 기부할 테니 제발……."

∷ **걸인**

어떤 사람이 인적이 드문 밤길을 걷고 있는데 후미진 골목에서 낯선 사내가 불쑥 튀어나왔다. 낯선 사내는 불쌍한 표정을 지으면서 이렇게 말했다.

"제발 부탁입니다. 배고프고 일자리도 없이 이렇게 불쌍하게 지내는 사람에게 자선을 베풀어 주십시오. 이 세상에서 내가 가진 것이라곤

오직 이 권총 한 자루뿐입니다."

::가장 오래된 직업

세 사람이 앉아서 어떤 직업이 가장 오래되었는가를 놓고 논쟁을 벌였다. 먼저 외과의사가 말했다.

"성경에 보면 아담의 갈비뼈를 잘라 이브를 만들었다고 하지 않았나. 그러니 외과의사가 가장 오래된 직업이 아니고 뭐겠나."

그러자 엔지니어가 말했다.

"엿새 동안에 이 세상은 창조되었다네. 그 이전에는 카오스의 대혼돈뿐이었어. 그러니 천지를 창조한 엔지니어가 가장 오래된 직업이지."

그때 가만 듣고만 있던 정치가가 나섰다.

"옳은 소리! 하지만 그 대혼돈을 일으킨 사람이 누구였겠나?"

::지옥

한 미국인 관광객이 그리스에 있는 어느 화산의 분화구 속을 들여다보면서 한 마디 했다.

"꼭 지옥같이 생겼군!"

그러자 그리스인 안내자가 대꾸했다.

"당신네 미국 사람들은 도대체 가 보지 않은 데가 없군요."

::유산

한 여성이 해변을 거닐다가 호리병 하나를 발견했다. 그녀가 그것을 집어들고 마개를 열자 그 속에서 마귀가 나와 이렇게 말했다.

"나를 자유롭게 해 주었으니 그 대가로 한 가지 소원을 들어 주겠다. 말해 보아라."

그녀는 잠시 생각하더니 이렇게 말했다.

"저는 30년 전에 지금의 남편과 결혼했는데 그가 나를 버리려고 합니다. 제발 그이의 마음을 돌릴 수 있도록 해 주세요."

그러자 마귀가 말했다.

"너의 소원을 들어 주겠다. 그런데 보통 사람들은 소원을 말하라고 하면 돈이나 명예를 원하는데, 너는 그토록 남편을 사랑하느냐?"

"그게 아니고요, 실은 제 남편이 곧 죽게 되는데 그 유산이 무려 8,000만 달러나 되거든요."

:: 술꾼

영업을 끝낸 술집 주인이 가게의 문을 닫은 후 집으로 돌아와 막 잠자리에 들었다.

그때 전화벨이 울렸다.

"여보시오! 이 술집은 아침 몇 시에 문을 열지요?"

전화를 건 사람은 잔뜩 취해 있었다.

화가 치민 주인이,

"당신 같은 고주망태는 내가 몇 시에 문을 열든 절대 가게 안에 들여놓지 않을 거야!"

하고 소리쳤다. 그러자 수화기 저편에서는 이렇게 말하는 것이었다.

"그게 아니고, 난 지금 밖으로 나가고 싶어서 그런단 말이오."

: : **피장파장**

굉장히 신경질적인 사람이 골프를 치다가 공을 잃어버렸다. 그는 캐디더러 공을 훔쳐 갔다고 나무랐다.

그러다가 잠시 후 수풀 속에서 공을 발견했다. 민망해진 그 사람이 사과의 말을 하려고 하자 캐디는 이렇게 대꾸했다.

"괜찮아요. 선생님은 저를 도둑으로 잘못 보았고, 저는 선생님을 신사로 잘못 보았으니까요. 잘못 본 건 피차 마찬가지잖아요."

: : **청구서**

젊은 내과의사가 고참 내과의사한테 물었다.

"선생님께서는 왜 항상 환자에게 저녁 식사로 무엇을 먹었느냐고 묻습니까?"

"그거야말로 중요한 질문이지."

고참 의사가 말했다.

"나는 환자의 메뉴에 따라 치료비 청구서를 쓰기 때문이야."

: : **외투**

어느 추운 겨울날 링컨이 거리를 걷다가 마차를 타고 지나가는 한 사나이에게 다가가 자기 외투를 시내까지 실어다 줄 수 있겠느냐고 물었다.

"그야 기꺼이 실어다 드리지요."

그리고 사나이는 고개를 갸우뚱거리면서 물었다.

"그런데 그 외투를 어떻게 찾아갈 생각입니까?"

"그야 아주 쉽지요."

링컨은 태연하게 말했다.

"내가 그 외투 속에 있을 작정이니까요."

∷ **팁**

한 손님이 카페에서 나가면서 종업원에게 무언가를 쥐어 주었다.

"자, 팁일세. 따끈한 커피라도 한잔하게나."

종업원이 손을 펴 보니 손바닥 안에는 각설탕 하나가 놓여 있었다.

02
음란한 이야기도 화제로 활용한다

화제로써의 음담은 확실히 분위기를 부드럽게 하는 데 도움이 된다. 그런 이야기를 잘 할 수 있는 사람은 언변에도 뛰어난 사람이라고 할 수 있다. 바꾸어 말하면 그 정도로 음담은 이야기하기 힘들다는 뜻이다.

음란한 이야기를 화제 삼기 위해서는 이야기 전체가 너무 추잡하다는 생각이 들지 않도록 해야 한다. 그리고 색기가 있어야 하며 또한 그 내용이 유쾌하지 않으면 안 된다.

음담패설을 능숙하게 하기 위해서는 다음의 다섯 가지 원칙에 충실해야 한다.

첫째, 너무 지나치지 않을 정도로 적당한 음담을 준비해 둔다.
둘째, 남녀가 함께 있는 자리에서는 가급적 피한다.
셋째, 좌석의 분위기를 파악한다. 남자끼리라면 약간 음란한 이야기가 나와도 그다지 불쾌한 기분은 들지 않을 것이다. 하지만 그것도 분위기를 파악해야 한다. 아직 흥이 오르지 않은 상태에서 다짜

고짜 음담부터 늘어놓으면 그것도 꼴불견이다.

넷째, 음담패설은 짧은 시간에 끝날 내용의 것이 좋다. 긴 내용의 이야기는 가급적 하지 않는다.

다섯째, 얼굴에 웃음을 띄면서 이야기한다.

이상 다섯 가지만 주의하면 아무리 언변에 자신이 없는 사람이라도 뛰어난 화술을 가진 사람으로 보여질 것이다.

그러나 언제까지나 이런 이야기로만 화제를 이끌어 가는 것은 좋지 않다. 다른 사람에게 오해를 살지도 모르기 때문이다.

품위 있으면서도 배꼽을 잡게 하는 음담, 그것은 대화의 양념과도 같은 것이다.

∷ 속삭임

감기가 너무 심하게 들어 속삭이는 목소리 정도 이상은 낼 수 없는 한 사나이가 병원을 찾아가 문을 두드렸다.

"의사 선생님 계세요?"

그러자 안에서 의사의 부인이 대답했다.

"아녜요, 지금 없어요."

그러면서 그녀 또한 은근히 속삭이는 것이었다.

"어서 들어오세요. 남편이 돌아오려면 아직 멀었거든요."

∷ 커튼

질투심이 많은 남편이 출장 갔다가 예정보다 하루 일찍 돌아왔다. 집에 돌아와 보니 그의 아내가 벌거벗은 채로 누워 있지 않은가.

"집 안에 어떤 사내놈을 끌어들였군."

남편은 집안 구석구석을 뒤져 보았으나 아무도 보이지 않자 그제야 자기가 헛짚었구나 생각했다.

"좋아, 내가 잘못 생각했어. 샤워나 좀 해야겠군."

욕실로 들어간 그는 샤워 커튼이 닫혀 있는 것을 발견하고 그것을 열어젖혔다. 그러자 안에서 한 사내가 으쓱하면서 커튼을 다시 닫았다.

"실례지만 난 아직 투표가 끝나지 않았소."

::라이벌

두 여성이 한 잘생긴 청년을 두고 경쟁을 하다가 말다툼을 벌이게 되었다.

한 여성이 의기양양하게 말했다.

"넌 그가 코를 골고 잔다는 사실을 모르지?"

그러자 상대는 지지 않고 말했다.

"그래, 몰라. 난 그를 밤새껏 한잠도 재우지 않으니까."

::이유

최근의 한 여론 조사는 남자들이 밤에 자다가 일어나는 주된 이유가 무엇인가에 대해 다음과 같은 통계를 발표했다.

10퍼센트는 냉장고의 음식을 뒤져 먹기 위해서이고, 15퍼센트는 화장실에 가기 위해서, 그리고 나머지 75퍼센트는 집에 돌아가기 위해서라는 것이다.

: : **잘못된 열쇠**

　전쟁터에 출정하게 된 용감한 기사가 아내에게 철갑 정조대를 입히고는 그 열쇠를 가장 친한 친구에게 맡기면서 이렇게 말했다.

　"1년이 지나도 내가 돌아오지 않거든 자네가 이 열쇠를 사용하게나."

　기사가 출발해서 반나절도 채 되지 않았는데 그 친구가 급히 따라왔다. 친구는 흥분된 어조로 그 열쇠를 내보이면서 이렇게 말했다.

　"아무래도 이 열쇠가 잘못된 것 같아. 도통 맞지 않더라고."

: : **추락**

　한 젊은 남자가 병원에 실려 왔다. 남자는 전신에 타박상을 입은 채였다.

　"도대체 어떻게 된 일입니까?"

　"그게 글쎄, 아파트 베란다에서 떨어졌어요."

　"어쩌다가?"

　"의사 선생님, 이건 비밀입니다만 내 아파트 베란다 아래층 방을 엿보면 젊은 남녀의 진한 장면을 볼 수 있거든요. 거기에 정신이 팔려 상체를 앞으로 쑥 내민다는 것이 그만……."

　그 다음날 느닷없이 산책을 나갔던 원장은 그 남자와 똑같이 바로 그 아파트에서 전신 타박상을 입고 병원에 실려 들어왔다.

: : **속죄**

　어떤 남녀가 열차에 동석하게 되었다. 그들은 이내 가까워졌고, 중간

역에서 함께 내려 여관으로 가 하룻밤을 지냈다.

그러나 그 남자는 아침이 되어 곧 후회하게 되었다. 그래서 교회로 가서 참회하고 돌아와서는 여자에게 이렇게 말했다.

"목사가 속죄하는 뜻으로 양초 한 갑을 바치라고 해서 두 갑을 바치고 오는 길이야."

"아니, 왜 두 갑을 바쳤지요?"

"돌아갈 때 지을 죄까지 미리 속죄하려고."

::텐트

남자 친구들과 캠핑을 갔던 딸이 돌아와서 재미있었던 일에 대해서 이야기했다.

"그래서 그 날 아침 모두 모여 경연 대회를 열었어요."

"그래, 어떤 경연 대회였는데?"

"누가 제일 빨리, 높이, 게다가 튼튼한 텐트를 칠 수 있을까 하는 시합이었어요."

"음, 그래서 너도 텐트를 쳤니?"

"에이, 아니에요 난 여자잖아요. 그래서 심사위원을 맡았어요."

::급료

한 사업가가 아름다운 여비서를 채용했다. 그녀는 첫째 주 급료로 값비싼 나이트 가운을 받았다. 둘째 주 급료로는 다이아몬드가 박힌 손목시계를 받았다. 그리고 셋째 주 급료로써 사장은 첫째 주 급료 나이트 가운를 올려 주었다.

: : **턱수염**

　한 사내가 턱수염을 기르고 있었는데, 하루는 수염을 깎고 들어가 아내를 놀라게 해 주기로 작정했다. 집에 돌아온 그는 아내가 자고 있는 침대에 들어가 누웠다.

　그의 아내는 어둠 속에서 잠결에 그의 턱을 만져 보더니 중얼거렸다.
　"어머나, 아직도 안 돌아가셨어요?"

: : **운전사**

　자가용 운전사가 주인집 방으로 들어갔다가 욕실 문이 살짝 열려 있는 것을 보고 물었다.
　"오늘 외출할 거야?"
　그러자 우렁찬 남자의 목소리가 들려 왔다.
　"자네, 이게 무슨 짓인가? 허락 없이 안방에까지 들어오고, 게다가 내게 반말까지 하다니……."
　"죄송합니다. 사장님. 저는 사모님인 줄 알고……."

: : **내기**

　아프리카 여행을 갔다 온 친구의 이야기이다.

　콘돔이 필요해서 약국에 들어갔으나 말이 안 통해 약사가 알아듣지를 못했다. 하는 수 없이 바지 단추를 끄르고 물건을 꺼내 보이며 카운터에 돈을 올려놓았다나. 그랬더니 약사도 바지를 벗어 물건을 내보이더니 자기가 이겼다는 듯이 카운터에 놓인 돈을 그냥 집어넣더라는 것이다.

:: 최초의 남성

덤벙대기 잘 하는 여고생이 세계사 시험을 치르는 데 다음과 같은 문제가 나왔다.

"최초의 남성을 쓰세요."

얼굴이 빨개진 이 여학생, 영어 선생의 이름을 적었다.

03
역사 속에서 이끌어 오는 화제

흔히 잘 알려지지 않은 역사적 사실이나 역사상 인물들에 관한 이야기는 언제 어느 장소에서나 분위기를 살려 주는 화제가 될 수 있다. 특히 남들이 잘 알고 있지 못하는 이야기를 들려 줌으로써 당신의 해박한 상식을 과시할 수도 있는 것이다.

당신의 화제 창고에 보관해 두어도 좋을 만한 역사적 이야기 몇 가지를 소개하기로 한다.

::**코카콜라**

오래전의 일로, 소련의 흐루시초프 서기장이 미국을 방문하여 '부러운 것은 코카콜라와 매니지먼트뿐이다'라고 말한 적이 있었다. 미국의 코카콜라는 그만큼 유명하다.

세계 430여 개국에서 판매되고 있는 코카콜라는 지금은 음료수의 대명사처럼 되어 있지만, 그것이 처음 만들어질 때는 음료수가 아니라 약물이었다.

1886년 애틀랜타의 약제사 존 펜버튼이 자기 아버지의 주벽을 고치기 위해 개발해 낸 것이 바로 코카콜라이다.

펜버튼의 아버지는 술만 마시면 주정을 하는 고약한 버릇이 있었으며, 그 주정은 술을 마신 이튿날까지 계속되었다. 아버지의 술주정을 걱정한 펜버튼은 코카의 잎사귀에서 즙을 뽑아 마시기 좋은 약을 만들었는데, 그것이 코카콜라의 시초였다.

그래서 지금도 미국의 일부 지방에서는 코카콜라를 술 깨는 약으로 쓰고 있다.

::코카콜라 병

그런데 코카콜라의 트레이드 마크인 주름 잡힌 여체 모양의 특이한 병은 어떻게 해서 만들어졌을까.

그 병을 고안한 이는 미국 조지아 주에서 태어난 한 농부의 아들이다. 루드라는 이름의 이 남자는 초등 학교를 겨우 졸업하고 도시로 나가 병 만드는 공장에서 일하게 되었다.

어느 날 그는 신문에 난 광고를 보게 되었다. 그것은 코카콜라 병 현상 모집이었다. 상금은 최고 천만 달러까지 걸려 있었다.

그런데 당시 코카콜라사가 제시한 조건은 무척 까다로웠다. 모양이 예뻐야 하고, 물에 젖어도 미끄러지지 않아야 하며, 양이 적게 들어가야 한다는 조건이 붙어 있었다.

루드는 이것을 보고 여섯 달 동안이나 연구를 거듭했지만 거듭 실패하기만 했다. 세 가지 조건을 모두 만족시키는 병을 만들기가 그렇게 쉬운 일은 아니었다.

그러던 어느 날 그는 여자 친구 주디의 방문을 받았다. 그녀를 앞에 두고 낙심해 있던 그는 무심코 애인의 치마를 보고 소리쳤다.

"주디, 잠깐 그대로 서 있어 봐. 그래, 바로 그거야!"

그 날 주디는 유행 중인 주름치마를 입고 있었는데, 엉덩이의 곡선이 아름답게 나타나는 통이 좁은 치마였다.

루드는 이에 착안하여 병을 완성시켰다.

"이 병은 모양도 예쁘고 물에 젖어도 미끄러지지 않습니다."

그러나 코카콜라사 사장은 시큰둥하게 대답했다.

"참 좋아 보이긴 하나 가운데가 불룩하여 양이 많이 들어갈 것 같으니 안 되겠소."

그러자 그는 사장 앞에 있던 물컵을 집어들고 말했다.

"그렇다면 제가 만든 이 병과 이 물컵 중 어디에 물이 더 많이 들어갈 것 같습니까?"

"아니, 그걸 말이라고 하시오? 당연히 당신의 병에 더 많이 들어가겠지요."

루드는 말없이 병에 물을 가득 채우고는 다시 그것을 물컵에 따라 보였다. 병의 물을 다 따르고 보니 그것은 물컵의 80퍼센트밖에 차지 않는 것이 아닌가, 사장은 반색하며 그 병의 디자인을 사기로 계약했고, 루드는 열여덟 살에 거부가 되었다.

지금도 세계 콜라 시장을 석권하고 있는 이 주름 잡힌 여체 모양의 병은 이렇게 해서 태어난 것이다.

:: **매춘의 기원**

그리스의 역사가 헤로도투스에 의하면 매춘은 바빌로니아에서 세례

형식으로 시작되었다고 한다.

아시리아를 포함한 메소포타미아 전부를 바빌로니아라고 하는데, 세계 최고의 문명의 발상지이기도 한 이곳에서는 비너스 신전에서 세례식이 거행되었다.

이때 여성들은 여신과 영혼을 연결시킨다는 의미가 담긴 머리띠를 두르고 신전에 모여앉게 된다. 그러면 남자들이 모여앉은 여성들 사이를 돌아다니면서 마음에 드는 여자를 골라 잡는다.

일단 마음에 드는 여자를 골라 잡으면 지명된 여자는 '미리타신의 이름으로' 라는 말을 하면서 신전에 돈을 바쳐야 한다. 그리고 남자는 그 자리에서 골라 잡은 여자와 관계를 맺는데, 이때 여자는 절대로 거절해서는 안 된다. 그것은 그 행위 자체가 신성한 세례식이기 때문이다.

::대통령의 징크스

미국의 역대 대통령으로서 기원 연도의 끝자리 숫자가 0인 해에 당선된 대통령은 거의 모두 임기를 채우지 못하고 죽었다.

1860년에 당선된 제16대 대통령 에이브러햄 링컨은 남북 전쟁을 승리로 이끌었으며 연방제 확립, 노예 제도 폐지 등 위업을 쌓았으나 노예 제도 폐지에 반발한 남부인에 의해 암살당했다.

1880년에 당선된 제20대 대통령 제임스 A. 가필드는 남부군 소장 출신으로 의욕적인 정치를 펴려고 했으나 재임 4개월 만에 역시 암살당했다.

1890년에 당선된 제25대 대통령 윌리엄 매킨리는 스페인과의 전쟁을 승리로 이끌었고, 하와이를 병합했으며, 금본위제를 확립했으나 무정부주의자에 의해 암살당했다.

1960년에 당선된 존 F. 케네디 대통령도 역시 암살당했다.

그 밖에 1840년에 당선된 벤저민 해리슨, 1920년에 당선된 워런 G. 하딩, 1940년에 당선된 프랭클린 루스벨트 대통령 등은 모두 임기를 마치지 못한 채 병사했다.

::화장지의 역사

지금은 대개 부드러운 종이를 화장지로 사용하고 있으나 예전에는 신문지나 포장지를 사용하는 가정이 많았다.

또 그 이전에는 나뭇잎이나 풀잎을 사용하기도 했고, 볏짚이나 새끼줄을 사용하기도 했다. 아마 그보다 훨씬 더 이전에는 맨손을 사용했을 것이다.

용변 뒤에 사용하는 화장지의 역사도 꽤 유구하고 우여곡절이 많았다. 화장지의 역사를 이야기하려면 먼저 프랑스를 들먹여야 한다.

프랑스의 왕실에서는 시녀의 몸에 두르고 있는 비로드 옷감을 끌어당겨 사용했고, 목에 두른 하얀 옷깃을 뜯어서 쓰기도 했다. 일반 가정에서는 낡은 베갯잇을 쓰기도 했고, 헌 구두를 사용한 뒤 씻어 두었다가 다시 사용하는 방법도 있었다.

시골에서는 살아 있는 고양이나 닭, 비둘기로 그곳을 닦기도 했으나 귀부인들로서는 용변 뒤처리가 항상 불편하기 때문에 억지로 참는 버릇이 생겼다. 그래서 당시 프랑스에선 변비가 없는 여인은 귀부인 행세를 하지 못했다고 한다.

::독살

동로마 제국이 멸망한 15세기 이후의 유럽은 무척 혼란스러웠다. 스페인, 오스트리아 등 신생 왕국의 탄생으로 나라마다 국경이 어수선했고, 지방 영주들의 발호로 이곳저곳에서 분쟁이 그치지 않았다.

이 무렵 유럽 여러 나라에서는 연금술과 독약 제조 기술이 크게 발달했다. 왕가에서는 왕위 다툼이, 그리고 부호들의 집안에서는 상속 다툼으로 무시무시한 암살극이 쉴새없이 연출되었는데, 여기에 독약이 살인 무기로써 널리 사용되었다. 그래서 그 시대에는 독약을 일컬어 '상속약'이라고 부르기도 했다.

그런 시대에 이탈리아에는 마리 베넷이라는 여인이 있었다. 독약 제조술의 명인이기도 했던 베넷은 뛰어난 미모에 사람의 정신을 현혹시키는 요술까지 할 줄 알았다.

미모와 요술로 남성을 유혹한 뒤 독약으로 목숨을 끊고 돈을 빼앗기 시작한 베넷은 하루에도 3~4명의 남자를 해치웠다. 그렇게 해서 그녀가 죽인 남자는 무려 600명이 넘었다고 한다.

::세계사를 바꾼 입영 통지서

아돌프 히틀러는 1888년에 태어났다. 1934년 독일의 총통이 된 히틀러는 항상 군복을 입고 다니면서 나치 독일을 이끌었지만, 그가 한때는 징병 기피자였다는 사실은 별로 알려지지 않았다.

히틀러는 어렸을 때부터 화가가 되는 것이 꿈이었다. 그러나 가난해서 제대로 그림 공부를 하지 못한 그는 배운 기술이 없자 자기가 그린 수채화를 팔기 위해 들고 다녔다.

스물세 살 되던 해 히틀러에게는 징병 검사 통지서가 나왔다. 전쟁이 겁나고 그림 그리는 일을 계속하고 싶었던 히틀러는 징병 검사장에 나타나지 않았다. 당국에서는 두 번째 통지서를 보냈고, 세 번째에는 경고장을 발부했다.

히틀러는 결국 1914년 제1차 세계 대전 발발과 함께 군에 입대했다.

그러니까 그에게 화가가 될 수 있는 길만 열어 주었더라면 세계 역사는 크게 바뀌었을지도 모르는 일이다.

∷ 히틀러의 불행

히틀러는 세 가지 성적 결함을 가지고 있었다고 한다. 무척 작은 성기를 가지고 있었으며, 그나마 발기가 잘 안 되는 임포텐츠였고, 상대하는 여인을 괴롭혀야 직성이 풀리는 새디스트라는 것이다.

히틀러와 잠자리를 함께 한 여인 중에는 독일의 최고 인기 여배우 레니 리펜슈탈도 포함되어 있었는데, 그녀는 훗날 '그는 나를 즐겁게 해 주려고 무척 애를 썼으나 워낙 작았기 때문에 도저히 나를 만족시키지 못했다'고 말했다.

히틀러는 또한 그의 이복동생 게리 라우발을 몹시 사랑했는데, 그녀는 히틀러의 방에서 자살한 시체로 발견되었다. 히틀러와 단 둘이 하룻밤을 보내고 난 뒤 자살한 라우발의 몸에는 수없이 많은 타박상이 남아 있었으며, 코뼈까지 부러져 있었다.

히틀러와 친분이 두터웠던 뮌헨 대학의 오스왈드 부케 총장도 히틀러를 가리켜 '성적으로는 무척 불행한 사람이었다'고 말했다.

::엘리베이터

고층 건물이 늘어나면서 오늘날에는 없어서는 안 될 시설물이 엘리베이터이다. 빠르고 편리한 엘리베이터는 도대체 누가 언제 만들었을까. 기록에 의하면 기원전 287년부터 212년까지 생존한 고대 그리스의 수학자이자 물리학자 아르키메데스가 엘리베이터의 발명자라고 되어 있다.

그러나 실제로 엘리베이터가 사용된 것은 1880년의 일이다. 만국박람회를 개최한 독일에서 박람회장의 중앙 건물에 엘리베이터를 설치한 것이 그 효시였다.

그 후 유럽 여러 나라에서 고층 빌딩과 호텔 등에 엘리베이터를 설치했는데, 1891년 중국 사절단이 영국 런던에 갔을 때 웃지 못할 촌극이 벌어졌다. 영국 정부 고위 인사들의 영접을 받은 중국 사절단은 호텔로 안내되었다. 그런데 이들이 들어선 방은 너무나 비좁고 아무 장식도 없었다. 중국 사절단이 푸대접을 받는다고 불쾌해할 때 좁은 방엘리베이터이 하늘로 치솟아 오르는 통에 모두들 졸도해 버렸다는 것이다.

::항공기의 국적 기호

대한항공인 KAL의 등록 기호는 KE다. 기체마다 고유의 번호가 있기 때문에 KE101 또는 KE103 등으로 표시하게 되어 있다. 일본 항공인 JAL의 기호는 JA이고 프랑스는 AF이다. 이와 같이 모든 나라의 민간 여객기는 두 글자로 된 기체의 등록 기호를 쓰기로 약속되어 있다.

그런데 얼마 전까지만 해도 일부 국가의 등록 기호는 한 글자로 되어 있었다. 미국은 N, 영국은 G, 프랑스는 F 등이었다.

제2차 세계 대전이 끝나고 신생 독립국들이 수없이 탄생되면서 국가마다 다투어 민간 여객기를 가지게 되었다. 그래서 국가별 여객기의 등록 기호를 정하게 되었는데, 신생 독립 국가들의 여객기는 모두 두 글자로 쓰게 했고 미국, 영국 등 이른바 선진국들은 변함없이 한 글자를 사용했다.

일본은 신생 독립국은 아니지만 패전국이라 해서 두 글자를 쓰게 하고 같은 패전국인 독일은 D라는 한 글자만 사용하는 것을 인정했다. 이에 불만을 품은 일본 등 여러 나라가 일제히 항의하는 통에 결국 모든 나라가 두 글자를 쓰게 되었다.

∷ 세기의 스파이 마타하리

일명 마타하리로 잘 알려진 그녀의 본명은 게르트루드 마가렛 제레리로 원래는 한 네덜란드 장교의 아내였다고 한다.

1904년 그녀는 파리로 가서 이름을 마타하리로 바꾸고 스트립 댄서로 변신했다. 그녀의 모습은 이국적인 인도 무희와도 같았는데, 춤 솜씨는 그다지 뛰어나지 않았지만 관객들 앞에서 과감하게 옷을 벗었기 때문에 많은 사람들에게 인기가 있었다.

마타하리는 제1차 세계 대전이 발발하자 가장 악명 높은 스파이로 활약했다. 그녀는 언제나 값비싼 모피와 보석으로 치장하고 다녔는데, 그렇게 도와준 많은 애인들 가운데는 독일 정보부의 책임자도 상당수 있었기 때문에 프랑스와 영국에서는 그녀의 독일 친구들을 의심하게 되었다.

1917년 독일의 지령으로 프랑스로 잠입했던 그녀는 파리의 한 호텔에서 첩보 기관에 체포되었다. 그러나 그녀의 스파이 행위에 대한 확증이 밝혀지지 않았다. 그것은 그녀가 모든 일에 대해 설득력 있게 말하는 재주를 가지고 있었기 때문이기도 했다.

그녀는 프랑스를 위한 스파이가 될 생각이었다고 주장했지만 패전의 위기에 직면한 프랑스로서는 그녀의 미심쩍은 부분을 방관해 줄 만한 입장이 아니었다.

그 해 10월 15일 마타하리는 회색 원피스에 밀짚모자를 쓰고 하얀 베일을 드리운 채 사형 집행장에 섰다. 눈가리개를 거부한 그녀는 사형 집행을 위해 사격수들이 총을 겨누었을 때 기둥에 묶인 채로 그들에게 미소지으며 윙크를 보냈다고 한다. 형 집행 후 그녀의 사체는 파리 시립병원의 의학 연구 해부용으로 기증되었다.

: : 마녀 사냥

마녀 사냥은 1484년 교황 이노센트 8세가 모든 방법을 다 동원하여 마녀를 처벌하라는 내용의 교서를 발표한 이후 약 300년 동안 유럽 전역을 휩쓸었다. 그것은 1600년에 최고조에 달했는데, 그때 처형된 사람의 수는 무려 30여만 명에 이른다.

하인리히 인스티토르와 야콥 스프렝거의 『마녀의 해머』라는 책을 보면 인간에게 일어나는 온갖 불행한 일들이 모두 마녀의 마법 때문이라면서 마녀의 색출·소추·재판·고문·유죄 판정·선고 방법을 상세하게 설명하고 있다. 그 후 이것은 마녀 사냥의 지침서가 된다.

마녀의 죄목이란 대개 이러한 것들이었다. 악마와 계약을 맺은 죄, 악마 연회에 참석한 죄, 악마와 입맞춤한 죄…… 마녀로 체포되면 성직자들의 재판을 받아야 했다. 그 중에는 마녀로 몰려 재판에 회부되는 경우까지 있었는데 고문 방법은 잔인하기 그지없었다.

마녀로 몰려 희생당한 사람 가운데 잘 알려진 하나는 잔 다르크이다. 여자인 그녀가 남장을 하고 백년 전쟁의 전투에 선봉으로 선 사실이 마녀로 몰린 이유였다.

마녀 사냥으로 인해 사람들은 귀족과 교회에 의지하게 되었다. 이러한 현상은 무너지는 중세를 지키고자 안간힘을 쓰던 봉건 귀족들에게 돌파구를 마련해 주었고, 마녀는 그들의 대리 희생물이었던 셈이다.

: : 선거

우리나라에서는 선거 때 입후보자의 정견 정책이나 인품보다는 돈이 당락을 좌우하는 경우가 많다. 아무리 공명 선거를 실시한다고 해도 돈의 위력을 감당할 방법이 없기 때문이다.

스웨덴에서도 한때 금권 선거가 판을 친 일이 있었다. 선거에서 돈을 배제시키기 위한 여러 가지 방법을 연구하던 중 기발하고 희한한 방법이 채택되었다고 한다.

스웨덴 중부의 후르덴부르그에서 있었던 일이다. 시장을 뽑아야 하는데 입후보자가 일곱 명이나 나왔다. 저마다 학식과 덕망을 갖추었다고 하지만 믿을 수가 없었다. 선거를 통해서 뽑게 되면 돈을 뿌려서 온통 혼탁하게 만들 것이 틀림없었다.

그래서 일곱 명의 입후보자에게 똑같이 턱수염을 기르게 한 뒤 둥근 테이블에 둘러앉게 했다. 그리고 테이블 위에 턱만 올려놓게 하고 테이블 한복판에 굶주린 이를 풀어놓았다.

먹이를 찾던 이가 기어 다니다가 누군가의 턱수염 속으로 들어가게 되면 바로 그 사람을 시장으로 뽑는 방법을 채택했던 것이다.

:: 내각제의 기원

대통령 책임제냐 내각 책임제냐를 놓고 요즘도 우리 정치권은 심심찮게 여러 가지 말들이 오가고 있다. 그렇다면 이러한 내각제는 어떻게 해서 시작되었을까.

1714년 영국 왕으로 즉위한 조지 1세는 정통 왕가의 적자가 아니었다. 앤 여왕이 죽은 후 후사가 없자 새로 제정된 왕위 계승법에 의해 독일의 하노버가에서 영국의 왕위를 이어받게 되었는데, 이때 하노버가를 대표해서 영국으로 건너간 사람이 바로 조지 1세였다.

영국인의 피가 섞여 있기 때문에 영국 왕이 되기는 했으나 조지 1세로서는 독일에서 태어나서 독일에서 자랐기 때문에 영어를 능숙하게 하지 못했다. 신하들과 함께 국정을 논할라치면 다들 영어로 주고받았기 때문에 조지 1세는 신하들이 하는 말을 잘 알아듣지 못했고, 또한 자기 뜻도 제대로 전달할 수 없었다.

이렇듯 영국 왕이 영어를 할 줄 몰랐으니 왕의 권위도 서지 않았고 국정에 충실할 수도 없었다. 조지 1세는 그래서 자기가 태어나서 자라던 독일에 자주 갔으며, 왕권은 점차 약화되기 시작했다.

여기서 '국왕은 군림하되 통치하지 않는다'는 말이 나왔으며, 이것이 내각 책임제의 효시가 되었다.

04
여성들이 관심을 갖는 화제

◆ **여성과 이야기할 때 화제**로써 가장 무난한 것은 동서고금의 일화나 역사 속 인물들의 에피소드 등이다. 이런 이야기는 저속하지도 않고 상대의 지식욕도 자극한다.

그러나 너무 현학적인 내용은 그다지 관심을 끌지 못하므로 피하는 것이 좋다. 말하자면 자신의 박식함을 자랑하는 듯한 태도는 피해야 한다. 모처럼 어려운 만남의 자리를 만들어 놓고도 그런 이야기로 상대의 반감을 사 버릴 수는 없는 일이다.

여성들은 의상이라든가 장신구 등에 특히 관심이 많다. 때문에 여성의 관심을 끌고 흥미를 돋우기 위해서는 아무래도 그런 것을 화제로 삼는 것이 적격이다.

그러나 누가 어떤 옷을 입고 있는데 보기 좋더라 하는 식으로 특정한 사람을 대상으로 하는 화제는 엉뚱한 분규를 일으킬지 모르니 가능한 한 삼가는 것이 좋다.

"총무부의 미스 김이 오늘 입고 나온 옷은 요즘 계절에 딱 어울리는 것 같아."

이와 같이 여성 앞에서 다른 특정 여성의 의상을 이야기하면 오해받기 딱 십상인 것이다.

의상이나 액세서리 등을 소재로 삼더라도 가능한 한 소설 속의 주인공이나 영화의 주인공, 드라마의 등장 인물 등을 예로 들어 이야기하는 것이 좋다. 의상이나 액세서리 이외에도 여성들은 신변의 자잘한 물건들에 관심이 많다. 머리카락 및 그것을 빗는 데 쓰이는 빗·거울·향수·핸드백·손수건 등에 관한 화제가 나오면 여성들은 쉽게 관심을 보이곤 한다.

다음에는 여성들이 관심을 갖는 물건에 관한 화제를 소개한다.

:: **머리카락과 빗**

매우 매혹적인 머리카락을 자랑으로 여기는 델라는 크리스마스인데도 선물 살 돈이 없어 고민에 빠진다. 남편 짐을 위해 뭔가를 선물하고 싶었던 그녀는 자신의 머리카락을 잘라 팔아 남편의 시곗줄을 산다. 남편이 가지고 있는 그 시계는 할아버지로부터 물려받은 것이었다.

한편 가난한 짐은 아내 델라에게 줄 선물 때문에 고민하다가 자신의 시계를 팔아 머리핀을 산다. 아내 델라의 아름다운 머리카락에 딱 어울릴 머리핀을……

결국 머리카락이 없는 델라는 머리핀을 선물로 받고, 시계가 없는 짐은 시곗줄을 선물로 받는다.

미국의 작가 O. 헨리의 단편 『크리스마스 선물』의 줄거리이다. 가난한 부부의 휴머니즘 넘치는 사랑을 그린 이 작품에서도 머리카락은 중요한 소재가 되고 있다.

머리카락은 여성에 있어서 생명과도 같다고 말하지만, 머리카락에 얽힌 이야기나 전설은 동서양을 막론하고 많다. 우리나라의 구전 민담에도 가난한 선비의 아내가 자신의 머리카락을 팔아 남편의 친구들을 대접하는 이야기가 있다.

고대 이집트의 왕 에우에르게테스의 왕후 베레니케는 매우 아름다운 머리카락을 지니고 있었는데, 이웃 나라에까지 소문이 날 정도였다. 왕이 아시리아로 원정을 떠날 때 왕후 베레니케는 미의 여신 아프로디테에게 왕이 무사히 돌아오면 자신의 머리카락을 바치겠다고 약속했다.

그 후 전쟁이 끝나고 왕이 무사히 돌아오자 베르니케는 서슴없이 아름다운 머리카락을 잘라 여신의 제단에 바쳤다. 그러자 제우스신은 그 머리카락의 아름다움을 찬양하며 하늘로 올려보내 별이 되게 했다. 그것이 바로 머리카락 자리이다.

요즘처럼 여성들이 머리를 갖가지 색깔로 염색하는 시대에 이런 전설이나 민담이 주는 교훈은 크다.

머리카락은 그 여성의 외모를 결정짓는 데 큰 역할을 한다. 머리카락에 깃들어 있는 향기가 그 여성의 모습을 정해 버리는지도 모른다. 남자가 여자에게 끌리는 가장 큰 원인은 머리카락이라고 한다. 머리카락을 최고의 상태로 유지한다면 그 여성의 매력은 더욱 빛날 것이다.

이러한 머리카락을 유지하기 위해서는 반드시 빗이 필요하다. 빗은 머리를 빗는 동시에 여성의 머리 장식용으로도 사용되었다. 머리를 빗는 이외에 머리를 꾸미는 대용으로 사용된 자개 · 칠기 · 산호 등의 빗은 일찍부터 여성의 멋부림의 도구로 인식되어 왔다.

그러나 오늘날에 와서는 빗을 장식용으로 사용하는 경우는 거의 없어졌다. 헤어 스타일에 여러 가지 변화를 줄 수 있도록 미용 기술이 발달했기 때문에 빗은 머리를 빗는 본래의 임무만을 할 뿐이다.

::거울

『걸리버 여행기』를 쓴 영국의 소설가 조나단 스위프트가 어느 날 한 파티에서 중년 여성과 자리를 함께 하게 되었다. 그런데 그 여성이 쉬지 않고 계속 혼자 지껄이자 스위프트는 심사가 뒤틀렸다.

"이봐요, 스위프트 씨. 내가 만약 매일 아침 거울을 들여다보고 자신의 아름다움에 빠져 버린다면 그것은 죄일까요?"

"아니, 그것은 죄가 아닙니다."

스위프트가 이렇게 말하자 여성은 득의만만해졌다.

"하지만……."

스위프트는 점잖게 말을 계속했다.

"죄가 아닙니다. 다만 착각일 뿐이죠."

여자가 가장 행복을 느끼는 순간은 거울 앞에 앉아 있을 때라고 한다. 자신이 아름다워져 가는 과정을 거울이라고 하는 객체가 행복한 분위기로 만들어 주는 것이다.

여자의 생활은 거울 없이는 거의 불가능하다. 때문에 여자의 행복은 핸드백 속의 손거울에서도 나타나는 것이다.

만약 남성이 여성에게 선물을 하게 된다면 설령 무리를 하더라도 손거울만큼은 최상품으로 고르라고 권하고 싶다.

:: 향수

향료를 알코올 등에 용해시켜서 만든 화장품을 향수라고 한다. 향수는 페르시아의 짐슈드 왕에 의해서 최초로 만들어졌다고 기록되어 있다. 그는 페르시아 문화를 활짝 꽃피운 통치자이다. 하지만 그렇다고 그를 향수의 발견자라고 추측하기는 곤란하다고 말하는 사람도 있다.

옛날부터 향료는 보석과 마찬가지로 귀족 부호들의 사랑을 받아 왔다. 근대의 향수를 발명한 것은 1370년 헝가리의 엘리자베스 여왕이라고 전해진다. 헝가리에서 시작된 향수는 곧 프랑스에서 인기를 끌기 시작했다. 17세기 무렵에는 프랑스에서 향수 문화가 본격적으로 번져 나갔다.

그런데 프랑스에서 향수 문화가 발달하게 된 이유는 실로 엉뚱하였다. 당시 프랑스의 최고 통치자는 루이 13세였는데, 그가 목욕을 처음 한 것은 일곱 살 때라고 한다. 황제의 자리에 앉아 있는 사람이 일곱 살 때 처음 목욕을 했다면 믿으려 하지 않겠지만 엄연한 사실이다.

그 시대에는 목욕은 고사하고 세수하는 것도 몰랐다고 한다.

세수도 안 하고 목욕도 안 하니까 머리에서는 비듬이 뚝뚝 떨어지고 냄새가 진동했다. 악취는 머리뿐만 아니라 온 몸에서 풍겼다. 그래서 그것을 감추기 위해 향수를 적극적으로 사용하게 되었던 것이다. 향수의 유래는 이처럼 향기롭지 못하다.

현재 향수의 본고장 프랑스에는 샤넬 · 코티 · 쟝파도 · 로샤스 · 게란 · 랑콤 · 피바 · 카론 등 세계적으로 유명한 향수 제조 회사가 모여 있다.

::액세서리

 랭커스터가의 제1대 영국 왕으로 재위한 헨리 4세는 근검 절약령을 포고하면서 왕족 및 모든 여성의 예복에 금과 보석을 장식하는 것을 금지시켰다. 그런데 이 절약령이 좀처럼 지켜지지 않자 헨리 4세는 부칙으로써 매춘부와 소매치기는 이 법령을 지키지 않아도 된다고 발표했다.

 그러자 귀부인들은 울며 겨자 먹기로 값비싼 액세서리를 장롱 속의 보석 상자 속에 처넣을 수밖에 없었다. 풍기 문란한 여자로 간주되면서까지 금이나 보석으로 치장하고 다닐 사람은 없었던 것이다.

 그리고 얼마 후 프랑스의 왕비가 런던을 방문하게 되었다. 헨리 4세가 프랑스 왕비를 융숭하게 대접하도록 조치한 것은 말할 나위도 없었다. 그런데 그 왕비가 도착하자 절약령의 부칙은 삭제하지 않으면 안 되게 되었다. 런던에 도착한 프랑스 왕비가 찬란히 빛나는 다이아몬드로 온 몸을 장식하고 있었기 때문이다.

 이렇게 해서 액세서리 금지의 법령은 단 며칠 만에 폐지되고 말았는데, 여성들은 그것 보라고 기뻐하면서 이렇게 말했다고 한다.

 "액세서리란 드레스를 완전히 아름답게 하기 위한 소도구인데, 여성으로부터 이것을 벗겨 내면 여성은 벌거벗은 것과 다를 바 없다."

 액세서리가 빛을 발하는 것은 그것이 의상 속에 자연스럽게 어울릴 때이다. 그러한 액세서리를 착용한 여성을 보면 '아, 이 여성은 자신을 잘 알고 있구나'라는 생각을 하게 된다. 여성에게 없어서는 안 될 현명함을 거기서 발견하게 된다.

::: 귀걸이

로마의 박물학자 플리니우스의 저서 『박물지』에 기록된 이야기이다. 금장식으로 화려하게 반짝이는 배 한 척이 천천히 키드누스 강을 거슬러 올라가고 있었다. 그 배에는 클레오파트라가 타고 있었다. 스물아홉 살의 그녀는 아름다움의 절정에 다다라 있었다.

그 배에는 클레오파트라의 초대를 받아 안토니우스가 동승하고 있었는데, 배 안을 둘러본 그는 온갖 사치스러움과 화려함에 놀라움을 금치 못했다. 옆에서는 사랑의 신 큐피트로 분장한 많은 미소년들과 숲의 요정처럼 아름다운 여인들이 시중을 들고 있었다.

안토니우스가 놀라는 모습을 보고 클레오파트라는 1만 세스텔치아 약 2억 4,000만 원에 해당하는 돈을 단 한 번의 파티에 쓸 수도 있다고 말하며 내기를 걸었다.

다음날 선상에서는 파티가 열렸는데, 그것은 누가 보아도 특별히 비용이 더 들어간 것 같지 않았다.

"이게 무슨 1만 세스텔치아를 쓴 파티란 말이오?"

안토니우스가 이렇게 말하자 클레오파트라는 곧 식초를 잔에 담아 오도록 했다.

식초가 잔에 담겨 나오자 그녀는 자신의 귀에 달고 있던 커다란 진주 귀걸이를 잔에 넣고는 단숨에 들이켜 버렸다. 그리고 나머지 한쪽 귀에 달고 있던 진주 귀걸이를 떼내려고 하자 안토니우스는 그녀를 만류하면서 자신이 내기에 졌음을 시인했다.

일설에 의하면 이때 남은 한쪽의 진주가 로마로 보내졌고, 그것은 다시 두 개로 쪼개어져 비너스상의 귀걸이가 되었다고 한다.

여성에게 귀걸이를 선물할 때나 혹은 그녀가 예쁜 귀걸이를 하고 있을 때 이런 이야기를 한 번쯤 들려 줄 만도 하지 않은가.

::다이아몬드

다이아몬드는 순수한 탄소로 이루어져 있으며, 보통 8면체의 결정으로 되어 있어 광물 가운데 제일 단단하고 광택이 유난히 아름다우며 광선의 굴절률이 강해 어두운 곳에서도 빛을 발한다. 그래서 다이아몬드는 보석 중의 여왕으로 군림하고 있는 것이다.

오늘날 다이아몬드는 부의 상징처럼 되어 있다. 결혼 예물로도 최소한 다이아몬드는 장만해야 한다고 생각하는 사람들이 많다.

그러나 다이아몬드는 반드시 행복의 상징만은 아니다. 때로는 불행을 부르는 저주의 돌덩어리가 되기도 한다.

세계적으로 화제가 되었던 '호프'라는 이름의 다이아몬드는 무려 112캐럿이나 되는 초대형이다. 보통의 다이아몬드는 청·황·백의 3색깔 중 한 가지 색깔만 나타내지만 호프는 이 세 가지 색깔을 모두 나타내는 신비스러움까지 지니고 있었다.

인도에서 발견된 이 호프를 차지한 주인공은 프랑스 황제 루이 16세의 부인 마리 앙투아네트였다. 그러나 그녀는 불행하게도 프랑스 혁명 때 단두대의 이슬로 사라졌다.

그 후로도 호프는 그 소장자들에게 많은 불행을 안겨 주었는데, 지금은 미국 국립박물관에 소장되어 있다.

: : **손수건**

"손수건은 어째서 정사각형일까?"

당신이 이런 질문을 받는다면 뭐라고 대답하겠는가.

"뭐 특별한 이유가 있겠어? 정사각형이 아닌 직사각형이면 수건하고 구별이 안 되니까 그랬겠지."

대부분의 사람들은 이런 정도로 얼버무리면서 말 끝을 흐리고 말지 않을까.

손수건이 정사각형으로 만들어지게 된 데에도 에피소드가 있다. 이 이야기의 주인공 역시 마리 앙투아네트이다.

지금으로부터 200여 년 전의 일이다. 당시 프랑스의 유행은 대형의 손수건을 두르고 거기에 액세서리를 달거나, 로코코풍으로 모양을 내거나, 삼각형으로 접는 등 요란하기 이를 데 없었다. 모든 장식과 형태의 변화는 유행의 첨단을 걸었다.

그렇게 되자 손수건이 호화스러운 만큼 복장도 거기에 맞추지 않으면 안 되었다. 손수건을 액세서리로 하는 유행은 화려하고 아름다운 복장을 길거리에 범람시키는 결과를 낳았다.

이래서는 안 되겠다고 생각한 마리 앙투아네트 황후는 1875년에 프랑스 국내의 모든 손수건은 똑같은 것으로 한다는 손수건 호화 금지령을 내렸다.

이 해의 포고령이 계기가 되어 손수건은 본래의 모습으로 돌아왔다. 손수건을 두르거나 손에 쥐는 것은 멋부림이라고 보게 되었으며, 그것은 또한 에티켓에 어긋나는 것이라고 생각하게 되었다. 그 후 손수건은 점점 작아져서 주머니나 핸드백 안으로 들어가 버렸다.

이렇게 해서 1785년 이후 손수건은 일률적인 정사각형의 스타일이 된 것이다.

손수건은 필요할 때만 꺼내서 사용하는 것이 에티켓이다. 여성은 떨어진 손수건을 절대로 집지 않는다는 것 또한 중요한 매너이다.

여성에게 손수건을 선물할 때나 손수건의 에티켓에 관한 이야기가 나왔을 때 상대 여성에게 이 질문을 던져 보라. 그리고 상대 여성이 선뜻 대답하지 못하고 있을 때 당신이 먼저 이야기를 시작하라. '지금으로부터 200여 년 전의 일인데……' 라면서 손수건의 역사를 이야기하면 되는 것이다.

::화장의 역사

프랑스의 샹송 가수 줄리에트 그레코가 그저 볼품없는 무명 가수에 불과했던 스무 살 무렵, 그녀는 상쥬 르망 거리의 한 카페에서 노래를 부르고 있었다. 그러던 어느 날 그녀는 어떤 손님이 자신에 대해 속삭이는 소리를 엿들었다.

"저 아가씨의 눈에는 백만 볼트의 전압이 번쩍이는 것 같아."

그때까지 자신의 외모에 별로 자신이 없었던 그녀는 그 날 이후로 속눈썹 화장 이외에는 그 어떤 화장도 하지 않았다고 한다.

화장은 외모의 결점을 보완하고 아름다움을 보다 돋보이게 하는 역할을 한다. 그런데 화장이 처음 시작된 것은 언제부터였을까.

인류가 화장을 하기 시작한 것은 원시 시대부터였는데, 그때의 화장은 질병을 내쫓기 위해서 혹은 주술적 의미로써 이루어졌다고 한다. 그러다가 고대 이집트 시대에 들어와 비로소 이성의 관심을 끌기 위한 화장으로 변모했다.

이집트의 여성들은 얼굴과 입술에 나뭇잎이나 열매에서 채취한 붉은색 염료를 바르고, 손톱과 발톱에도 그것을 칠했다. 이것은 이집트의 강렬한 태양 광선을 막으려는 목적과 재액을 물리치는 주술적 의미를 동시에 지니고 있었다.

로마 시대 네로 황제의 부인 폼페아는 매끄러운 피부를 유지하기 위해 매일 우유로 목욕했다고 전해진다. 이 시대의 여성들은 대개 미백효과를 내는 데 횟가루를 사용했다.

르네상스 시대가 되자 여성들은 피부 관리를 위해 은이나 수은 등을 얼굴에 발랐다. 그러나 이런 것들은 너무 오랫동안 사용할 경우 피부가 나빠지게 되므로 계란·포도주·치즈 등의 영양팩도 함께했다.

그 후 18세기가 되어서는 귀족층을 중심으로 남성들도 화장을 하게 되었고, 그 경향은 현재까지도 이어지고 있다. 그러나 남성의 피부손질은 간단한 기초화장과 피부 관리에 국한되어 있다.

:: **블루진**

요즘의 젊은 여성들 가운데 블루진 한두 벌 정도 없는 사람은 드물 것이다. 블루진은 그만큼 보편적인 평상복으로 사랑받고 있다.

그러나 블루진이 만들어지게 된 배경에 대해서 아는 사람은 드물 것이다. 데이트하는 날 그녀가 블루진을 입고 나왔다면 그 이야기도 좋은 화제가 될 것이다.

금문교를 배경으로 마천루를 뽐내는 미국 샌프란시스코. 이곳이 오늘날 전 세계 젊은이들의 사랑을 받는 블루진의 고향이다.

그런데 블루진은 원래 텐트용 천으로 만들어진 옷이라고 하면 당신은 의외로 생각할 것이다.

1930년 미국의 서부 지역에는 금을 캐기 위해 많은 사람들이 몰려들었다. 이른바 골드 러시이다.

그 시절 샌프란시스코 근교에는 스트라우스라고 하는 사람이 텐트용 천막을 만드는 공장을 운영하고 있었다. 어느 날 한 상인이 찾아와 해군 군납용 천을 대량 주문했다. 주문 물량이 많을 뿐만 아니라 마진도 높아 그는 빚까지 끌어들이며 생산 시설을 늘려 물품을 생산했다.

납품일이 되어 그 상인이 다시 찾아왔는데, 상인은 창고에 가득 찬 천을 보고는 견본품의 하나를 요구했다. 그는 이것이 형식적인 절차일 뿐 검사가 끝나는 대로 전량 구매하겠다고 했다.

그러나 스트라우스의 공장에서 만들어진 천은 해군 담당관에 의해 불합격되고 말았다. 해군이 요구한 것은 녹색의 천이었는데, 상인이 주문을 잘못하는 바람에 청색으로 바뀌어 버렸던 것이다.

스트라우스는 하늘이 무너지는 듯 낙담했다. 졸지에 빚더미에 올라앉게 된 그는 매일 술에 취해 괴로움을 달랬다.

그 날도 스트라우스는 술집에서 술을 마시고 있었다. 절망에 가득 찬 채 술을 마시다가 한구석을 보니 어떤 광부가 팬티 차림으로 해어진 바지를 깁고 있었다.

"저렇게 광산에서 일하는 사람들에게는 보다 질긴 옷이 필요할 텐데……"

생각이 여기에 이르자 그는 자신의 창고에 가득 쌓여 있는 군납용 천을 떠올렸다.

"그래, 바로 그거야! 군납용 천으로 바지를 만들면 세상에서 가장 질긴 옷이 될 거야. 저 광부들에게는 바로 그런 옷이 필요하지."

그리하여 청색의 텐트 천은 광부들의 작업 바지로 만들어졌다. 그렇게 질긴 옷이니 광부들에게 폭발적인 인기를 얻은 것은 물론이었다.

블루진이라 이름 붙여진 이 옷은 지금까지도 세계 젊은이들에게 널리 사랑받고 있다.

Part 3 _부록
보디 랭귀지

보디 랭귀지는 말 대신 몸으로 하는 언어이다. 대화나 의사소통에서 몸짓은 아주 자연스러운 요소이다. 몸짓이 자연스럽게 나타나는 경우 그것은 굉장히 효과적인 의사소통의 방법이 된다. 최근의 연구 결과로는 표정이나 동작 등 보디 랭귀지를 통해 인간의 심층 심리를 간파할 수 있다고 한다. 이것이야말로 독심술이 아니고 무엇이겠는가.

01
얼굴을 통한 보디 랭귀지

::**눈이나 코, 턱 등 얼굴의 일부분을 만진다**

자기의 허약함을 감추려는 의사 표시다. 가축이 병들었을 때는 자기의 몸을 핥는 버릇이 있다. 마찬가지로 인간도 나약해졌을 때는 자기의 얼굴을 만지는 버릇이 있다.

미국의 닉슨 대통령은 워터게이트 사건에 휘말려 기자 회견을 할 때 턱을 받치거나 코를 쥐는 행동을 많이 보여 주었다. 기자들의 질문 공세로부터 자기 자신의 허약함을 감추기 위한 태도였다고 볼 수 있다.

::**맞장구를 치지 않고 가벼운 미소를 짓는다**

완곡한 거부나 난처함의 표시이다. 귀찮은 상대나 보기 싫은 손님을 내쫓는 데는 맞장구를 치지 않고 그저 가벼운 미소만 짓는 것이 상책이다. 이러한 미소는 상대를 혹독하게 거절하지도 않으면서 스스로 물러나게 하는 효과를 지닌다.

: : 생면부지의 사람과 부딪쳤을 때 미소를 짓는다

상대에 대해 적의가 없음을 나타낸다. 엘리베이터나 지하철 등에서 다른 사람과 부딪치면 그 사람을 향해 고개를 살짝 숙이면서 미소를 짓는다. 이것은 상대에 대해 악의나 공격적인 의사가 없다는 무언의 변명이다.

: : 얼굴에 잠시 웃음을 지었다가 곧 웃음을 거둔다

이런 사람은 지금 마음속으로 계산을 하고 있으므로 조심해야 한다. 비즈니스로 만난 사람이 만면에 웃음을 짓다가 갑자기 싸늘한 표정을 보이면 만만치 않은 상대임을 간파해야 한다. 왜냐하면 보통 사람이라면 웃고 나서도 그 여운이 잠시 동안은 표정에 남아 있기 때문이다.

: : 갑자기 미소를 중단한다

쓸데없는 행위에 대한 무언의 경고이다. 이야기 도중에 갑자기 상대의 얼굴에서 미소가 사라지면 이쪽의 말이 흥미가 없거나 뭔가 실수를 했다는 뜻이다.

또 상대가 결례되는 장난을 걸어 올 때도 마찬가지로 미소를 중단하고 경어를 쓰면 눈치 빠른 상대라면 곧 알아차릴 것이다.

: : 설득하기 위해 애쓰는데 상대의 얼굴에 표정이 없다

부탁을 거부하거나, 난처한 입장이거나, 혹은 혐오감의 표시이다. 표정이 없다는 것은 어떤 감정을 얼굴에 나타내지 않는 것을 말한다. 따라서 단수 높은 거절은 무표정한 얼굴로 하는 것이 좋다.

∷ 여성이 특정한 남성에게 무관심한 표정을 짓는다

그 남성에게 호의를 가지고 있다는 의사 표시이다. 알다가도 모를 여자의 마음은 바로 이 역표현에서 비롯된다. 여성에게서 무관심의 표정을 읽을 줄 알아야 한다.

∷ 공연히 불쾌한 표정을 짓는다

마음속에 간직하고 있는 혼자만의 기쁨을 남에게 알리지 않으려는 속셈이다. 화투나 포커를 칠 때 좋은 패가 들어오면 일부러 불쾌한 표정을 짓지 않는가. 별다른 이유 없이 불쾌한 표정을 짓고 있다면 그것은 속으로 기쁜 일을 간직하고 있다는 뜻이다.

02
눈을 통한 보디 랭귀지

:: 대화할 때 상대를 보지 않는다

뭔가 숨기려는 마음이 있는 경우이다. 상대에게 시선을 던지는 시간이 30퍼센트 이하이면 그 사람은 무언가 감추고 있다.

:: 대화할 때 시선을 이리저리 불안정하게 돌린다

심리적으로 불안정하고 불성실한 성격의 소유자이다. 어떤 민완 형사의 말에 의하면 범죄를 저지른 사람은 자백을 하기 전에 눈동자를 이리저리 돌리면서 가능한 한 시선이 마주치는 것을 피한다고 한다. 이것은 심리적으로 안정되지 않고 떳떳하지 못하기 때문이다.

:: 상대를 곁눈질로 쳐다본다

이야기의 내용에 불만이나 의문을 품고 있다는 증거이다. 시선의 움직임뿐만 아니라 시선의 방향도 그 사람의 심리 상태를 나타낸다. 남이 부당한 소리를 할 때 대다수의 사람들은 곁눈질을 하는데, 그것은 정면으로 맞서지는 못 하지만 못마땅하다든가 석연치 않다는 마음의 표시이다.

::대화를 나눌 때 눈살을 찌푸린다

상대의 의견에 찬성하지 않는다는 뜻이다. 누가 기분 나쁜 말이나 부당한 억지를 부리면 당신도 양미 간의 눈살을 찌푸릴 것이다.

::상대를 관찰하면서 발을 먼저 보고 그 다음에 얼굴을 본다

상대를 불신하거나 경멸하고 있다는 증거이다. 사람을 볼 때 얼굴을 먼저 보는 것이 정상적이다. 그러나 형사나 불량배 같은 사람들은 상대를 아래서 위로 훑어본다. 그건 상대를 불신하고 있기 때문이다.

::눈을 크게 뜨고 상대를 바라본다

상대에 대해서 강한 흥미를 느낀다는 뜻이다. 보통 우리는 놀라거나 강한 흥미를 가졌을 때 눈을 크게 뜨는데, 이것은 자율신경이 눈동자의 개폐에 관여하기 때문이다. 어떤 연구에 의하면 일반적으로 남자가 여자의 누드 사진을 볼 때는 눈동자가 두 배로 커진다고 한다.

::대화를 할 때 상대를 오래도록 주시한다

말의 내용보다 그 사람에게 관심을 갖고 있다는 뜻이다. 보통 우리가 일대 일로 대화를 나눌 때 상대의 얼굴에 시선을 집중하는 시간은 대화 전체 시간의 30~60퍼센트라고 한다. 이 평균치를 넘어서 상대를 계속 주시한다는 것은 말의 내용보다 그 사람 자체에 관심이 있다는 뜻이다.

:: 이성인 상대를 똑바로 쳐다본다

상대에게서 성적인 매력을 느낀 경우이다. 똑바로 쳐다보는 것은 성적으로 야기되는 무언의 신호이며, 특히 여성에게서 이런 현상이 더 자주 일어난다. 성적인 욕구를 억제하려는 심층 심리가 오히려 눈을 통해 노출되는 것이다.

03
입을 통한 보디 랭귀지

::**말을 하면서 손으로 입을 가린다**

상대를 경계하면서 본심을 감추려는 행위이다. 즉, 말하는 기관인 입을 상대가 보지 못하도록 함으로써 자신을 은폐시키면서 방어 자세를 취하는 것이다.

::**여성이 손을 입에 대고 웃는다**

내성적인 여성으로서, 성적인 욕구를 상대가 눈치 채지 못하도록 하려는 행위이다.

::**손을 입에 대고 묵묵히 있는다**

더 이상 상대와 대화하고 싶지 않다는 의사 표시이다. 입을 가리는 동작에는 숨긴다는 의미 외에 거절의 뜻도 있다. 큰소리로 계속 떠드는 상대에 대해 고개를 돌리면서 입을 가리는 동작은 '빨리 끝내라'는 무언의 신호이다.

: : **말을 할 때 주먹을 갖다 대면서 자꾸 헛기침을 한다**

근심이 있다는 뜻이다. 불안이나 근심 때문에 목구멍에 점막이 생긴 경우이다. 설령 실제로 점막이 생기지 않더라도 자꾸 그런 기분이 들어 나타나는 버릇이다.

: : **이야기를 듣는 동안 입술 양끝을 약간 뒤로 당긴다**

상대의 이야기를 경청하고 있다는 뜻이다. 입술의 움직임에는 여러 가지 의미가 있다. 강한 결의를 나타낼 때는 한 일 자로 꼭 다물고, 실패를 했을 때는 깨물며, 공격심이 생길 때는 삐죽거리게 된다. 또한 이야기를 듣는 동안 입술 양끝이 올라가는 것은 현재의 심리상태가 부드럽다는 뜻이다.

: : **상품을 살펴보다가 입을 다물고 굳은 표정을 짓는다**

살까 말까 망설이는 행위이다. 어느 세일즈맨의 말에 의하면 상품을 보여 주고 난 후 고객이 입을 다물고 그것을 찬찬히 살펴볼 때가 바로 승부의 시간이라고 한다. 그것은 마음속에서 살까 혹은 말까 하는 두 마음이 갈등을 빚고 있기 때문이다.

04
코를 통한 보디 랭귀지

:: **턱을 조금 치켜들고 코를 내민다**

거만한 마음의 표시이다. 코는 얼굴의 중심부로써 지성의 심벌이라고 한다. 또한 코는 그 사람의 성격을 나타내는 척도가 되기도 한다. 따라서 코를 내미는 행위는 자신의 영역을 넓히려는 마음의 표시이며, 그것이 타인에게는 건방지거나 거만하게 비치는 것이다.

:: **상대에게 콧구멍이 보일 정도로 코를 치켜든다**

이러한 태도는 상대를 가벼이 여긴다는 증거이다.

:: **머리를 뒤로 젖히면서 코를 상대로부터 멀리한다**

혐오와 거부의 표시이다. 가령 한 남자가 여자에게 사랑을 고백하는데 그녀가 이런 동작을 하고 있다면 그것은 거절의 표시이다.

:: **이야기 도중에 코를 만지작거린다**

부정적인 의사 표시이다. 가령 무슨 부탁을 하고 있을 때 상대가 코를 만지작거린다면 그것은 거절의 표시이다. 이것은 손으로 머리를 긁거나 귀를 만지는 것과 마찬가지로 못마땅함을 나타내는 메시지이다.

::코에 손을 대고 앞으로 숙인다

당신의 말이 의심스럽다는 불신의 표시이다. 당신이 뭔가를 열심히 변명하는 데 상대가 코에 손을 대고 머리를 숙이고 있다면 그 변명은 상대에게 통하지 않을 것이다.

::콧날을 잡고 눈을 지그시 감는다

마음의 갈등을 전달하려는 행위이다. 의견을 물었을 때 이런 행동을 취한다면 뭔가 망설이고 있다는 뜻이다.

::콧날을 잡고 심사숙고하는 동작을 취한다

상대의 시선을 끌어들이기 위한 제스처이다. 회의 석상에서 발언이 순조롭게 진행되지 못했을 경우, 콧날을 잡고 뭔가 골똘히 생각하고 있으면 다른 참석자들이 눈길을 보낸다. 코는 얼굴의 중심부이기 때문에 손을 대면 자연히 시선을 끌게 마련이다.

05
턱을 통한 보디 랭귀지

:: **턱을 만지작거린다**

불안이나 고독한 기분을 전환시키려는 욕구의 발로이다. 철학자가 사색에 잠길 때는 대개 턱을 만진다. 또 배우들이 생각하는 것을 표현하는 연기를 할 때도 턱을 만진다. 인간은 심리적으로 나약할 때 자기의 몸을 만지는 버릇이 있다. 이것을 동물 행동학자들은 '자기의 친밀성'이라고 한다. 즉, 불안하거나 고독한 마음을 달래려는 의사 표시인 것이다.

:: **턱을 안으로 한껏 당긴다**

절대 복종의 의사를 나타내는 무언의 메시지이다. 턱의 움직임은 내밀거나 당기는 것으로 나타난다. 턱을 내미는 동작은 공격의 표시이고, 턱을 당기는 것은 방어의 표시이자 절대 복종의 의사 표시이다.

:: **뭔가를 지시할 때 턱을 든다**

이러한 사람은 자기 주장이 강한 사람으로서, 자신의 주장이 통과될 것을 믿고 있다. 턱을 앞으로 내미는 것은 자기 주장의 확대이며 공격의 표현이기도 하다. '턱으로 사람을 부린다'는 말도 있는데, 이것은 자기가 손위이거나 우위에 있을 때 취하는 행동이다.

: : 이야기할 때 두 손바닥으로 턱을 고인다

누군가에게 위안을 받고 싶어하는 욕구의 표현이다. 가령 당신과 마주앉은 여성이 머리를 한쪽으로 갸웃하고 턱을 손바닥으로 고이고 있다면 그녀는 분명 마음속으로 위로받고 싶어하고 쓸쓸해 한다는 것을 눈치 채야 한다.

: : 턱수염을 기른 사람

턱수염은 턱을 한층 더 드러내어 나약함을 감추는 동시에 말이나 태도를 대신한 자기 주장의 도구로 활용된다. 즉, 자기를 변모시키고 자기 주장의 굳셈과 인격을 대변하는 것이다.

06
목을 통한 보디 랭귀지

:: 기계적으로 고개를 끄덕인다

상대의 말을 제대로 듣지 않거나 상대의 말에 이의를 제기하려는 마음의 발로이다. 고개를 끄덕이는 맞장구는 상대의 말에 동조한다는 긍정적 의사 표현이다.

그러나 기계적으로 단순히 끄덕이는 것은 상대의 이야기에 형식적으로 동조한다는 표현에 불과하다. 또 상황에 따라서는 '뭐 이런 시시한 이야기를 하고 있지?' '빨리 본론으로 들어가는 게 어때?' 하는 부정적인 의사 표현이다.

:: 이야기를 하면서 자주 고개를 끄덕인다

상대의 말을 감정적이나 정서적으로 듣고 있다는 뜻이다. 고개를 끄덕이며 맞장구를 치는 것은 이야기의 이해도를 재는 척도이지만, 잦은 끄덕임은 상대의 적극성이나 인격에 감각적으로 공감하고 있다는 뜻이다.

: : 데이트 신청을 받은 여자가 고개를 갸웃한다

'어떻게 하면 좋지?' 하고 망설이고 있다는 증거이다. 그녀의 속 마음은 지금 데이트에 응할까 말까 하고 저울질하고 있는 중이다. 당신이 그녀에게 데이트 신청을 했는데 그녀가 이런 행동을 하고 있다면 재빨리 그녀가 고개를 끄덕이도록 유도해야 한다.

: : 목을 늘어뜨린다

자신의 패배를 인정하는 동작이다. 사람이 활동을 할 때는 필사적으로 목을 지탱한다. 그러나 기력과 체력이 소모되면 자연히 고개를 숙이게 된다. 따라서 고개를 숙이고 목을 늘어뜨리는 동작은 패배의 인정이라 해석해도 좋다.

: : 상체를 뒤로 젖힌 채 잠자코 이야기를 듣고만 있다

상대의 말이 엉뚱한 곳으로 흘렀을 때 그것을 지적하기 위한 행위이다. 특히 말이 많은 사람, 어려운 손윗사람 등을 만났을 때 이야기가 엉뚱하게 흐르면 이런 행동을 보여 상대의 주의를 환기시킬 수 있다. 말하자면 상체를 될 수 있는 한 상대에게서 멀리한 채 잠자코 듣고만 있으면 상대도 곧 눈치 채게 된다.

07
머리를 통한 보디 랭귀지

:: 머리를 긁적인다

불만이나 난처함, 또는 수줍음이나 자기 혐오 등의 솔직한 표현이다. 우리나라 사람들은 실수를 했을 때 머리를 긁적이며 계면쩍게 웃는다. 당황하거나 수줍음을 타거나 자기의 실수를 인정할 때 이런 행동이 자연스럽게 나오는 것이다.

:: 자신의 머리를 쓰다듬는다

정신적으로 긴장되어 있거나 머릿속으로 뭔가를 재빨리 생각하고 있다는 뜻이다.

면접시험을 앞두고, 혹은 중요한 일로 누군가와 담판을 지어야 할 때 대개의 사람들은 자신의 머리를 무의식중에 쓰다듬는다.

이것은 긴장을 완화시키려는 심리와 자신을 흐트러뜨리지 않으려는 행동이다. 또 머릿속에 뭔가 묘안이 떠오를 때도 같은 행동을 취하게 된다.

::자기의 머리를 툭툭 친다

머리를 써서 생각하고 있음을 강조하는 경우이다. 상식적인 문제도 생각이 잘 안 날 경우 자기의 머리를 툭툭 치는 행동을 하게 된다.

이런 동작은 머리에 자극을 주어서 생각을 이끌어 내려는 노력의 표시이다.

::상대의 머리에 손을 갖다 댄다

상대를 보호해 주려는 마음의 발로이다. 인간은 누구나 부상당한 사람을 도와주려고 할 때 먼저 머리를 보호하려고 한다.

::인지·중지·약지의 세 손가락을 나란히 하여 가볍게 머리를 두드린다

당황하거나 난처한 입장에 처해 있다는 뜻이다. 이런 동작은 텔레비전 프로인 '형사 콜롬보'에서 주인공인 콜롬보 형사가 자주 보여 주었다. 일반적으로 이런 몸짓은 당황하거나 난처한 입장에 처해 있다는 뜻인데, 손가락을 이마에 밀착시킴으로써 정신적인 균형을 극복하려는 시도이다.

::이야기 도중 음성을 낮추면서 머리를 숙인다

대화를 중단시키려는 의도가 깃들어 있다. 즉, 상대가 의도적으로 음성을 낮추고 머리를 숙이는 것은 대화를 끝마치겠다는 의사 표시이다.

::인사를 하면서 머리를 비스듬히 기울인다

어리광을 부리려는 마음이 깃들어 있다. 예의범절이 아직 몸에 배지

못한 어린이는 똑바로 머리를 숙일 줄 몰라서 비스듬히 인사를 한다. 성인이 되어서도 이와 같이 인사하는 사람이 있는데, 이것은 사회적 훈련이 부족하여 유아 성격이 남아 있는 탓이다. 특히 막내나 외동아들로 자란 경우에 이런 사람이 많다.

: : 유행하는 머리 스타일을 남보다 먼저 따른다

이러한 사람은 환경에 대한 적응력이 강하다는 증거이다. 유행을 따른다는 것 자체가 새로움에 대해 적응하는 것이지만, 머리의 유행은 옷의 유행과는 다르다. 왜냐하면 양복은 입다가 싫어지면 당장 벗어버리면 되지만, 머리는 곧바로 원상 회복을 할 수가 없기 때문이다. 따라서 머리 스타일을 바꾸는 데는 많은 용기가 필요하다.

: : 여성이 머리 스타일을 자주 바꾼다

다른 사람의 선동에 잘 넘어가는 성격의 소유자이다. 여성이 머리 스타일을 정하는 데는 대개 친구나 미용사의 의견이 많이 작용한다. 따라서 머리 스타일을 자주 바꾸는 사람은 남의 말을 잘 듣는 담백한 성격을 지닌 동시에 자기 주장이 약하다는 결점도 지니고 있다.

: : 머리를 짧게 자른다

활동적이고 공격적인 성격의 소유자이다. 개나 고양이도 화가 나면 털을 곤두세워서 공격의 자세를 취한다. 마찬가지로 사람도 머리를 짧게 자름으로써 머리카락을 곤두세워 전투적인 성격을 드러낸다.

: : **여자가 묶었던 머리를 남자 앞에서 푼다.**

머리칼은 섹스의 상징이다. 묶었던 머리를 푸는 여자의 모습과 풀어 뜨린 머리카락은 남자의 눈에 성적 신호로 받아들여진다. 머리를 푸는 것은 허리띠를 푸는 것과 같이 해석될 수도 있다.

: : **긴 머리를 짧게 깎거나 아예 삭발을 한다**

새로운 전환에 대한 결의를 나타낸다. 중요한 운동 경기에서 선수들이 머리를 깎고 출전하는 것도 승리에 대한 결의의 표시이다. 실연한 여자가 머리를 자르는 것도 세상에 대한 새로운 결의의 표명인 동시에 자기 자신에 대한 다짐을 나타낸다. 또 불가에서 출가와 동시에 머리를 깎는 것은 속세를 버린다는 뜻이다.

: : **남녀가 서로 상대의 머리카락을 쓰다듬는다**

친밀도가 높은 사랑의 표현이다. 상대의 머리에 손을 대는 것은 애정의 표현이다. 따라서 젊은 남녀가 서로 머리카락을 쓰다듬는 것은 친밀감의 표현이다.

08
손을 통한 보디 랭귀지

: : **이야기 도중에 손가락이나 연필 끝으로 톡톡 소리를 낸다**

상대의 말에 동의할 수 없다는 뜻이다. 상대의 말이 지루할 때 잡음을 내거나 낙서로 딴전을 피우는 것이다. 손가락을 자주 놀림으로써 무료함에서 벗어나고자 하는 행동이다.

: : **주먹을 쥐거나 주먹으로 손바닥을 내리친다**

이러한 동작은 상대에 대한 무언의 위협이다. 악수를 하거나 손바닥을 내보이는 동작이 무장 해제의 의사를 전달하는 신호라면, 주먹을 쥔 손은 공격이나 긴장을 나타내는 신호이다.

: : **손톱으로 손가락을 깨문다**

이야기를 하면서 손톱을 깨무는 사람이 있는데, 이것은 유아 성격이 아직도 남아 있기 때문이다. 이런 사람 앞에서 공격의 자세를 취하면 그 버릇은 더욱 심해진다.

::손을 호주머니에 넣은 채 이야기를 듣는다

상대를 믿지 못한다는 뜻이다. 이런 태도는 정치가나 권위주의자에게서 흔히 볼 수 있다. 손을 감춘다는 것은 상대에게 자신의 본심을 드러내고 싶지 않다는 경계심의 표현인 동시에 상대를 신용하지 않는 증거이다.

::주변의 물건을 만지작거린다

긴장하고 있다는 뜻이다. 첫 대면인 상대를 만났을 때 사람들은 대개 성냥이나 볼펜 등 주변에 있는 물건을 만지작거린다.

그것은 긴장을 해소하기 위한 무의식적인 행동이다. 식당 같은 곳에서 냅킨을 접었다 폈다 하는 행동도 마찬가지 의미를 지니고 있다.

::턱 밑에 양손 끝을 모은다

자신감을 나타낸다. 자신에 넘치거나 자만심이 강한 사람은 상대의 이야기를 들으면서도 이렇게 턱 밑에 양손의 손가락 끝을 갖다 댄다.

::여자가 남자의 손가락을 깍지 끼어 쥔다

보다 깊은 관계를 바란다는 메시지이다. 손가락은 사모나 간절한 마음 등을 전해 준다.

따라서 애인의 손을 잡고 걸을 때 그녀가 손가락을 깍지 끼어 쥔다면 당신과의 관계가 더 깊어지기를 바라는 것이라고 해석해도 좋다.

::테이블 위에 있는 물건을 상대 쪽으로 밀쳐 놓는다

상대보다 우위에 서고자 하는 마음을 갖고 있다. 바꾸어 말하면 이해관계를 놓고 교섭하는 자리에서 마주앉은 상대보다 우월한 입장에 서고 싶으면 테이블 위에 놓인 물건들을 상대 쪽으로 밀어붙이면 된다. 재떨이라든가 컵, 꽃병 등 테이블 위에 놓인 물건이라면 아무 것이라도 괜찮다.

::꺼내 놓은 물건에 손을 대지 않는다

상대와 친밀해지지 않으려는 뜻이다. 그러므로 시장이나 백화점에 갔을 때 물건을 살 계획이 없으면 점원이 꺼내 놓은 상품에 되도록 손을 대지 않는 게 좋다. 일단 손에 닿으면 그 물건을 통해 상대와 접촉하는 셈이 되어, 꼭 필요하지 않은 물건이라도 사게 될 확률이 높다.

09
팔을 통한 보디 랭귀지

::심장부나 젖가슴 위로 팔짱을 낀다

상대에 대한 거절이나 방어의 표현이다. 팔짱을 끼는 것은 자기 앞쪽에 울타리를 침으로써 타인을 자기의 영역 안으로 들여놓지 않으려는 뜻이다. 특히 여자들이 팔짱을 끼는 것은 자기의 중요한 부분을 불의의 기습으로부터 보호하려는 자세이다.

극장 앞 같은 데서 애인을 기다리는 동안 여자들은 팔짱을 끼고 있다가 기다리던 애인이 나타나면 팔짱을 푼다. 그것은 방어에서 환영으로 자세를 바꾸는 것이다.

::비스듬히 팔짱을 낀다

상대의 말을 비판적으로 듣고 있다는 뜻이다. 구차한 설명을 늘어놓는 세일즈맨이나 치근덕거리는 남자를 물리칠 때 이런 자세를 보이면 된다. 이러한 행동은 상대의 말을 예사로 듣거나 상대를 비꼬고 있다는 심리의 표현이다.

::대화 도중 웃으면서 팔짱을 낀다

상대의 이야기를 경청하고 있다는 뜻이다. 웃으면서 팔짱을 긴다는 것은 거절이나 대립 의식의 표현이라기보다는 상대의 이야기에 흥미를 느끼기 때문이다. 즉, 상대의 이야기에서 정보를 하나라도 놓치지 않겠다는 속셈이다.

::여성이 젖가슴 밑으로 팔짱을 낀다

남성의 눈길을 끌려는 속셈이다. 이런 여성은 남자 친구를 원한다고 해석해도 좋다.

::남자가 소매를 걷어 붙인다

힘의 과시인 동시에 적극성의 표현이다. 남자들은 언쟁이 치열해지면 대개 소매를 걷어붙인다. 즉, 소매를 걷어붙이는 것은 자신의 힘을 과시하고 적극적으로 대들겠다는 의사 표시이다.

10
어깨를 통한 보디 랭귀지

::남자가 어깨를 으쓱거린다

위엄을 보이기 위한 행동이다. 남성의 어깨는 존엄의 상징이다. 타인과 어깨가 부딪치면 불쾌한 표정을 짓거나 시비를 거는 것도 어깨를 남성의 상징으로 여기기 때문이다. 양복의 어깨에 심을 넣은 것도 같은 이유에서이다.

::어깨에 양복 윗도리를 걸치고 다닌다

젊은 남자들 가운데 윗도리를 어깨에 걸치는 사람이 많은데, 이것은 바로 남자다움을 내세우기 위한 행동이다.

::어깨를 움츠린다

불쾌·당황·의혹 등 상대에 대한 방어적 심리의 표출이다. 어깨를 으쓱거리는 것이 자기 존재의 과시라면, 어깨를 움츠리는 것은 공격을 피하려는 방어적인 의미를 지닌다.

::남자끼리 상대의 어깨에 손을 짚는다

동료 의식의 표현이다. 아버지가 자식에게, 상사가 부하에게, 그리고 친구 사이에서 이런 행동을 볼 수 있다. 이것은 '수고했어!', '고마워!', '잘 해 봐!' 하는 등 친밀감의 표시로써 촉각 커뮤니케이션이라고도 한다.

::남자가 여자의 어깨를 껴안고, 여자는 남자의 허리에 팔을 두른 채 걷는다

두 사람 사이가 깊은 관계임을 무의식적으로 드러내는 행동이다. 절대 불가침의 어깨에 남자의 손이 닿았다는 것은 마음을 허락했다는 표시이다.

::여자가 남자의 어깨에 손을 얹는다

상대를 남성으로 보지 않고 단순한 동료나 친구로 생각하고 있다는 뜻이다.

11
가슴을 통한 보디 랭귀지

: : 가슴을 항상 당당히 펴고 지낸다

모든 일에 자신만만한 성격의 소유자이다. 가슴은 곧 심장을 의미한다. 가장 보호해야 할 심장을 당당히 내보인다는 것은 정신적으로나 육체적으로 그만큼 자신이 있기 때문이다.

: : 양복의 옷깃을 잡고 가슴을 펴서 뒤로 젖힌다

자신의 직업에 자신감과 긍지를 지니고 있는 사람이다. 영화에 등장하는 암흑가의 두목은 대개 이런 행동을 자주 보여 주는데, 그들도 자신의 직업에 긍지를 지니기 때문일까, 조끼 주머니에 손을 넣는 행동도 마찬가지 심리에서 나온다.

: : 상대에게 가슴을 들이대듯이 내민다

상대보다 절대적 우위에 있다는 사실을 과시하려는 행동이다. 프로 레슬링이나 씨름에서도 선수들이 가슴을 내밀면서 기선을 제압하려고 하는 행동을 볼 수 있다. 어떤 정치가가 골목 저편에 암살범이 숨어 있는 것을 발견하고 '이봐! 심장은 여기야. 자, 쏘아 보라고!' 라고 소리치면서 당당히 가슴을 내밀자 암살범이 질려서 도망쳐 버렸다는 이야기도 있다.

:: 오른손을 자신의 심장 위에 댄다

상대에 대해 성실하겠다는 의사 표현이다. 이것은 아주 오래된 인사법인데, 오늘날에도 국기에 대해 경의를 표할 때는 이렇게 하고 있다.

:: 여성이 가슴을 강조하듯이 내민다

남성보다는 동성인 여성을 의식하는 행동이다. 남녀 혼성의 모임에서 이런 행동을 하는 여성이 종종 눈에 띄는데, 이것은 남성을 유혹하기 위해서가 아니라 동성인 여성들을 의식하고 뽐내는 행동이다. '나는 육체적으로 너희들보다 낫단 말이야' 라는 의도를 담고 있다.

12
배와 등을 통한 보디 랭귀지

:: **의식적으로 배를 내민다**

상대를 위압하거나 자신이 우위에 서려는 지배욕의 표시이다. 배는 부와 권위의 상징이다. 배를 내민 자세는 나약하면서도 중요한 부위를 상대에게 드러냄으로써 무방비의 여유를 내보이는 것이다.

:: **배를 구부려 안쪽으로 감추려고 한다**

불안하거나 불만을 품고 있다는 뜻이다. 또한 소심하거나 낙심한 심리의 표출로 해석할 수도 있다.

:: **마주앉아 이야기할 때 윗도리의 단추를 풀고 배를 내보인다**

상대에 대해 경계심을 풀었다는 증거이다. 대개의 남자들은 퇴근하여 집에 들어가면 먼저 상의를 벗고 옷을 갈아입는다.

이것은 하루의 긴장에서 해방되려는 심리에서 비롯된 것이다. 마찬가지로 비즈니스 상담 중에 윗도리의 단추를 풀면 상대에 대해 편안하게 생각하고 있다는 뜻이다.

: : 대립관계로 서로 팽팽히 맞서다가 상대의 배를 툭 친다

이러한 행동은 합의의 표시이다. 긴장관계에 있다가 상대의 배를 툭 치는 것은 '네 배짱도 어지간하군!' 하는 기분으로 적당한 선에서 타협하겠다는 뜻이다.

: : 등을 곧추세운다

이런 자세를 자주 취하는 사람은 자기 규정이 명확한 성격이다. 동시에 원리 원칙을 고수하면서 정신적으로 유연성이 부족하다.

: : 마주앉은 사람을 향해 등을 곧추세우고 부동의 자세를 취한다

상대에 대해 방어의 벽을 쌓은 상태이다.

서로 마주앉아 대화를 나눌 때 이런 자세를 취하는 것은 상대와 인격적인 교제를 거부하는 것이다.

: : 전화를 하면서 불특정 다수인에게 등을 돌린다

비밀스런 대화를 나눈다는 뜻이다. 그렇지 않으면 곤란한 입장을 전화로 변명하고 있다는 뜻이다. 등을 진다는 행위는 '다른 사람이 거기에 개입하지나 않을까' 하는 불안의 표출이다.

: : 동성끼리의 가족이나 친구가 등을 툭툭 친다

공감의 확인이나 격려 또는 재촉의 메시지이다. 아버지와 아들, 혹은 친구들 사이에서 상대의 어깨를 쳐 주는 것과 같은 뜻을 담고 있다.

재치있는 화술로 세상을 경영하라
유머 화술의 심리학

- 2012년 11월 10일 초판 1쇄 발행
- 2016년 7월 15일 초판3쇄 발행

- **지은이** / 김길형
- **기　획** / 보성 M&D
- **펴낸곳** / 아이템북스
- **펴낸이** / 박효완

- **출판등록** / 2001년 8월 7일 / 제2-3387호
- **주소** / 서울특별시 마포구 서교동 444-15

※잘못된 책은 교환해 드립니다.